ENERGIZE YOUR LIFE

MENTAL CHANGE

Mentalhygiene für den Alltag

Das Arbeitsheft zum Onlinekurs

ENERGIZE YOUR LIFE

Mehr Energie - Mehr Freude - Mehr Leichtigkeit

ENERGIZE YOUR LIFE

Mehr Energie - Mehr Freude - Mehr Leichtigkeit

MENTAL CHANGE

Mentalhygiene für den Alltag

Das Arbeitsheft zum Onlinekurs

ENERGIZE YOUR LIFE

Mehr Energie - Mehr Freude - Mehr Leichtigkeit

© 2018 Silke Sieben

Herstellung und Verlag:
BoD- Books on Demand, Norderstedt
ISBN 9783752841220

Bibliografische Information der Deutschen Nationalbibliothek: Die Deutsche Nationalbibliothek verzeichnet diese Publikation in der Deutschen Nationalbibliografie; detaillierte bibliografische Daten sind im Internet über dnb.d-nb.de abrufbar.

ENERGIZE YOUR LIFE

Herzlichen Glückwunsch,

dass Du Dich dazu entschieden hast, Deinen `Gedankenfallen´ auf die Spur zu kommen und Deine `Mentalhygiene´ in Gang zu setzen.

Es wird eine spannende Reise zu Dir selbst werden, auf der ich Dich gerne als Reisebegleiterin mit Hintergrundinformationen, Reflexionsfragen, bewährten Übungen und wertvollen Tipps versorge.

Lese auf den nächsten Seiten, was Dich in diesem Online-Selbstcoaching-Kurs erwartet. Beachte bitte auch die generellen Hinweise zum Selbstcoaching.

Jetzt wünsche ich Dir viele spannende Momente mit interessanten Erkenntnissen, viel Freude und Erfolg im Tun sowie Sonne in Herz und Hirn.

Herzlichst
Deine Silke Sieben

Einleitung

Inhalte

Vielleicht stellst Du fest, dass ein bestimmter Bereich in Deinem Leben nicht so funktioniert, wie Du Dir das wünschst. Dies kann unter anderem mit Deiner Wahrnehmung, Deinen inneren Antreibern, Deinen Überzeugungen oder dem `Ticken´ Deines `Inneren Teams´ zusammenhängen.

Der Kurs besteht aus insgesamt vier Lektionen:

Lektion 1 - `Mentale Muster´

Dieses Modul besteht aus vier Lektionen:
Zunächst widmest Du Dich Deiner **Aufmerksamkeit** zu. Hier geht es um unsere Wahrnehmung und worauf wir diese vorwiegend richten. Die einen richten sie vor allem auf die negativen Aspekte des Lebens, die anderen eher auf die positiven Seiten. Dies beeinflusst aber unser Erleben der Wirklichkeit. Fokussieren wir uns eher auf die Dinge im Leben, die nicht funktionieren, entgeht uns die wertvolle Ressource der `positiven Emotion´. In dieser Lektion nimmst Du Deinen Aufmerksamkeitsfokus genau unter die Lupe.

Lektion 2 und 3 - `Innere Antreiber´ und `Überzeugungen´

In der zweiten und dritten Lektion wollen wir uns Deinen **inneren Antreibern und Überzeugungen** zuwenden. Unser Denken, Fühlen und Handeln werden auch durch innere Antreiber und Überzeugungen gelenkt. Diese tun uns aber nicht immer gut und treiben aus unserem Unterbewusstsein oft ihren `Schabernack´ mit uns. Doch sind wir deswegen Opfer unserer Überzeugungen? Nein! Wir können sie verändern, indem wir sie ins Bewusstsein holen, hinterfragen und gegebenenfalls verändern. In diesen beiden Lektionen identifizierst Du Deine inneren Antreiber und Deine Überzeugungen und überprüfst sie, um sie gegebenenfalls zu verändern. Dazu erhältst Du in der dritten Lektion praktische Tipps zur Umsetzung.

Lektion 4: `Das innere Team´

Das Thema der vierten Lektion ist das `**Innere Team**´. Innere Antreiber und Überzeugungen bestimmen auch, wie unser `Inneres Team´ aufgestellt ist und welche Teammitglieder in bestimmten Situationen das Sagen haben. Wenn wir die einzelnen Mitglieder kennen, haben wir die Möglichkeit zu bestimmen, wie wir unser Team zusammensetzen und wen wir wann wie zu Wort kommen lassen wollen.

In dieser Lektion ermittelst Du Deine `Teamplayer´, mit deren Aufgaben und Bedürfnissen. Vertiefende Fragen unterstützen Dich dabei, die Funktionsweise Deines Inneren Teams besser zu verstehen und es entsprechend den eigenen Wünschen steuern zu können.

Am Ende dieses Moduls erhältst Du zusammenfassende Tipps zur Mentalhygiene.

Abschlussmodul

Hier erhältst Du Dein E-Book.

Lese nun auf der nächsten Seite die Hinweise zum Selbstcoaching.

Hinweise zum Selbstcoaching

1. Lass Dir bitte ausreichend Zeit bei der Bearbeitung der einzelnen Übungen. Selbstreflexion erfordert Zeit und Muße. Niemand drängt Dich. Es geht schließlich um Dein Leben. Nimm Dir die Zeit, die Du brauchst.

2. Die meisten Übungen bauen aufeinander auf. Bearbeite sie nacheinander und gehe sie Schritt für Schritt durch.

3. Die Übungen und die dazugehörigen Reflexionsfragen sind nur wirksam, wenn Du absolut ehrlich zu Dir bist und Dir nicht in die Tasche lügst. Ansonsten verschwendest Du Deine Zeit und Dein Geld. Auch wenn Du davon reichlich haben solltest, wäre das schade. Einige Erkenntnisse werden vielleicht schmerzhaft sein, andere erheiternd oder erhellend. Aber alle sind gleich wichtig und werden Dich auf Deinem Weg und Deiner Persönlichkeitsentwicklung weiterbringen. Du wirst quasi zum Detektiv in eigener Sache und startest eine spannende Reise ins `Abenteuer Selbst´☺.

4. Dabei hast Du die Möglichkeit, Dir eine Coachingpartnerin als `Reisebegleiterin´ zu suchen, was viele Vorteile mit sich bringen kann:

    o Durch den Austausch mit einer Person Deines Vertrauens kannst Du Deinen Reflexionsprozess vertiefen und den Erkenntnisgewinn fördern. Oft haben wir einen blinden Fleck, was die eigene Situation und Person betreffen. Eine Coachingpartnerin beleuchtet diesen möglicherweise, da sie als neutrale Person außen steht. Sie kann uns wertvolle Hinweise sowie Denk- und Handlungsimpulse mit auf den Weg geben, auf die wir von alleine vielleicht nicht gekommen wären.

    o Wenn wir uns einer anderen Person mitteilen, erhöht dies die Verbindlichkeit gegenüber unseren Vorhaben und Versprechen.

    o All dies gilt natürlich auch umgekehrt: Indem wir unsere Coachingpartnerin auf ihrem Weg unterstützen, entwickeln wir uns auch weiter und haben die Möglichkeit Anregungen zu geben, aber auch für unser Leben mitzunehmen.

Allgemeiner Hinweis

Das Coaching ersetzt weder einen Arztbesuch, eine ärztliche Diagnose oder Behandlung noch eine Therapie im üblichen Sinne oder eine Sport- oder Bewegungstherapie! Bitte suche zur Klärung deines physischen oder psychischen Gesundheitszustandes zuerst einen Arzt und/oder Therapeuten auf! Das Selbstcoaching kann Dich auf Deinem Weg unterstützen, Deine Lebensqualität zu verbessern - aber gehen musst Du ihn selbst ☺.

Mein Aufmerksamkeitsfokus

Hintergrundinformationen

Unsere Lebensqualität hängt entscheidend davon ab, worauf wir unsere tägliche Aufmerksamkeit richten. Dazu eine kleine Geschichte:

Vor langer Zeit lebte ein Mönch in asketischer Zurückgezogenheit in den Bergen Chinas. Eines Tages fand er zwei Wolfsjunge, die von ihrer Mutter verlassen worden waren. Er nahm sie bei sich auf. Das eine Wolfsjunge war von gütigem und sanftem Wesen. Das andere hingegen war bösartig und versuchte, sein Geschwisterchen immer wieder totzubeißen. Der Mönch hatte einen Schüler, der eines Tages diesen Vorgang beobachtete, und seinen Meister frage: „Das ist schrecklich. Welcher der beiden wird wohl überleben?", woraufhin der Meister antwortete: „Derjenige, den ich füttre".

Was will uns diese Geschichte sagen? Du ahnst es bestimmt schon. Das Futter steht hier sinnbildlich für unsere Aufmerksamkeit. Die beiden Wölfe verkörpern die Dinge im Leben, auf die wir diese Aufmerksamkeit richten. Die Kernfrage lautet also: Welchen der beiden Wölfe füttern wir?

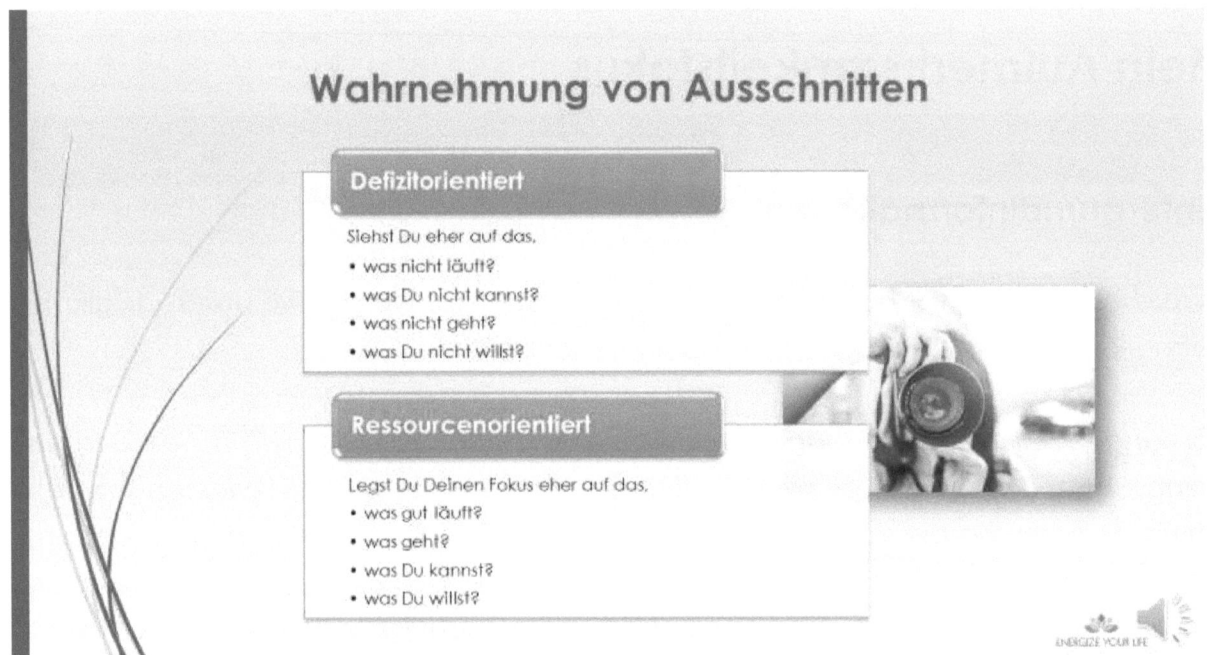

Oder: Womit füttern wir unsere Aufmerksamkeit? Worauf konzentrieren wir uns im Leben? So wie der Mönch in der Geschichte eine Wahl trifft, entscheiden wir uns täglich aufs Neue, häufig unbewusst, worauf wir unsere Aufmerksamkeit lenken: Den Kollegen, der ständig meckert, oder die Kollegin, die gute Laune verbreitet? Den Risiken oder den Chancen in einem Projekt? Der Schatten- oder der Sonnenseite im Leben? Sehen wir ausschließlich die negative Seite der Medaille oder drehen wir diese auch mal um? Um diese Frage zu beantworten, ist es wichtig zu wissen, wie Aufmerksamkeit funktioniert.

Wahrnehmungsfilter und Auswirkung

In jeder Sekunde prasseln ca. 11 Millionen Sinneseindrücke auf uns ein. Das Gehirn kann davon aber nur 40 bewusst verarbeiten. Deshalb ist unsere Aufmerksamkeit ein begehrtes Gut. Jeder will sie: die Medien, die Werbung, unser Partner, unsere Kinder, unsere Freunde, unser Chef und unsere Kollegen. Da wir aber nur über eine begrenzte Verarbeitungskapazität verfügen, können wir nicht alle Informationen aufnehmen, die sekündlich auf uns einprasseln. Die meisten werden individuell gefiltert und aussortiert. Unsere Werte, Denkmuster, Erfahrungen und Erwartungen, aber auch unsere Lebensumstände wie Alter, Geschlecht oder kultureller Hintergrund bilden den Filter, der ähnlich einer Kamera funktioniert: Das, was wir gewohnt sind aufzunehmen oder aufnehmen möchten, wird scharf gestellt. Diese Scharfstellung entspricht unserer inneren Landkarte, unserer Vorstellung vom Leben. Diese innere Landkarte versuchen wir immer wieder durch Außeneindrücke zu bestätigen. Widersprüchliche Informationen werden, meist unbewusst, ausgeblendet, damit unsere Landkarte stabil bleibt. So vermeiden wir eine `kognitive Dissonanz´. Kognitive Dissonanz ist ein Begriff aus der Psychologie und beschreibt das Phänomen eines unangenehm empfundenen Gefühlszustandes, der durch unvereinbare Wahrnehmungen, Meinungen, Einstellungen, Wünsche

oder Absichten entsteht. Erhalten wir Informationen aus der Umwelt, die nicht mit unserem Weltbild übereinstimmen, dann filtern wir diese aus. Das geschieht, indem wir sie:

o verzerren: Wir finden immer das Haar in der Suppe.
o löschen: Wir übersehen unstimmige Informationen.
o verallgemeinern: Stimmige Informationen werden überbewertet nach dem Motto: `Das ist immer so´.
o uminterpretieren: Unstimmige Informationen werden so ausgelegt, dass sie dann wieder in unser Weltbild passen.

Somit überwinden vorwiegend solche Inhalte unsere Aufmerksamkeitsschranke, die in unser Weltbild passen und unsere Denkgewohnheiten festigen. Haben wir zum Beispiel ein bestimmtes Bild von einer Kollegin, ist es schwer uns vom Gegenteil zu überzeugen. Wir nehmen dann in der Regel nur noch die Informationen auf, die unserer Erwartungshaltung entsprechen. Das wiederum beeinflusst unser Verhalten der Kollegin gegenüber, die dann entsprechend reagiert. Man spricht auch vom sogenannten `Pygmalion-Effekt´. Er beschreibt das Phänomen, wenn sich eine bestimmte Erwartung im Sinne einer selbsterfüllenden Prophezeiung bestätigt.
Bekannt wurde dieses Phänomen durch ein Experiment, das 1965 von Robert Rosenthal und Lenore F. Jacobson durchgeführt wurde. Sie wollten herausfinden, wie sehr die Leistung eines Schülers von den Erwartungen des Lehrers abhängt. Man teilte den Lehrern mit, dass einige Schüler kurz vor einem intellektuellen Entwicklungsschub stünden. In Wirklichkeit wurden die Kinder aber dem Zufall nach ausgewählt. Die Wirkung war jedoch frappierend. Die sogenannten `Aufblüher´ verbesserten ihren IQ erheblich stärker als die Kontrollgruppe. Die Autoren vermuteten, dass sich das Phänomen damit begründen ließe, dass die `Aufblüher´ besser gefördert und mit mehr Wertschätzung behandelt wurden als die anderen Kinder. Die Lehrer nahmen die Entwicklungsfortschritte dieser Kinder wohl wegen ihrer `Hintergrundinformation´ besonders in den Fokus und behandelten Sie daher anders.

Zusammenfassend lässt sich sagen, dass wir durch unsere innere Landschaft oder unser Weltbild die Realität, wie wir sie tagtäglich erleben, beeinflussen. Dies geschieht durch einen sich selbst verstärkenden Kreislauf: Durch eine von unserem

Weltbild geprägte Brille nehmen wir nur bestimmte Informationen auf. Die damit verbundenen Gedanken und Gefühle beeinflussen unsere Ausstrahlung und unsere Handlungen. Die darauffolgenden Reaktionen unserer Umwelt bestätigen dann unsere Erwartungen, womit sich der Kreislauf wieder schließt.

Die individuelle Verarbeitung der Wirklichkeit und die damit einhergehenden unterschiedlichen Erwartungen an unsere Umwelt lassen sich auch als Erklärung heranziehen, warum Menschen ein- und dieselbe Situation unterschiedlich wahrnehmen: Während der eine die Herausforderung sieht, fürchtet der andere die Belastungen. Die unterschiedlichen Betrachtungsweisen haben nicht nur gravierende Auswirkungen auf unser gedankliches, emotionales und körperliches Erleben und unser Handeln, sondern auch auf die Funktionsweise und Anatomie unseres Gehirns.

Das katastrophische Gehirn und der Tunnelblick

Bitte betrachte die folgende Abbildung. Was fällt Dir auf?

$$4 \quad + \quad 1 \quad = \quad 5$$

$$4 \quad + \quad 3 \quad = \quad 8$$

$$3 \quad + \quad 3 \quad = \quad 6$$

$$2 \quad + \quad 2 \quad = \quad 5$$

Wenn ich diese Folie in meinen Seminaren zeige, fällt allen als erstes auf, welche der Gleichungen falsch sind. Vermutlich war es bei Dir auch so. Aber in dem Beispiel sind auch zwei korrekt gelöst. Aber wir neigen eben dazu, spontan jene Dinge wahrzunehmen, die nicht richtig sind, die nicht gut gelaufen sind bzw. nicht gut laufen bzw. richten unseren Fokus länger und intensiver darauf aus.

Die meisten von uns sind schwächen- statt stärkenorientiert, sowohl was die eigene

Person angeht als auch bei der Wahrnehmung unserer Mitmenschen.

Wir werden von klein auf beurteilt. Wer nicht schnell genug sprechen lernt, wird gefördert. In der Schule werden wir benotet und unsere Eltern konzentrieren sich meist auf die schlechten Noten. Das geht das ganze Leben so weiter. In Mitarbeitergesprächen wird zwar mit Lob begonnen, danach geht es aber vor allem darum, was nicht geschafft wurde. Statt unsere Stärken zu fördern, sollen unsere Schwächen ausgemerzt werden.

So sind Misserfolge präsenter in unserer Erinnerung als Erfolge. Wir leben in einer defizitorientierten Gesellschaft und konzentrieren uns hauptsächlich auf Probleme, anstatt auf Lösungen. Diese finden wir nicht, da wir durch die negativen Emotionen, die dieser Blickwinkel mit sich bringt, nicht mehr klar denken können und zu einer verengten Sichtweise neigen. Der Gehirnforscher Gerald Hüther vergleicht das Gehirn mit einem Fahrstuhl: In guter Stimmung fahren wir nach ganz oben zur Plattform und genießen dort die tolle Aussicht. Je schlechter unsere Stimmung, je größer der empfundene Stress, desto tiefer liegt das Stockwerk, in das wir fahren. Die Aussicht nimmt ab, unlogisches Verhalten und Routine zu. In den unteren

Etagen überwiegt dann das Kind in uns, das schreit, weint oder bockig ist. Im Keller werden wir dann aggressiv oder handlungsunfähig. Das menschheitsgeschichtlich ältere `Emotionshirn´ schaltet das jüngere `Denkhirn´ aus und blockiert unsere Fähigkeit zum logischen und lösungsorientierten Denken. So verhindern negative Emotionen eine klare Sicht auf die Dinge und eine Lösungsfindung.

Diese Tendenz Probleme und Gefahren zu erwarten, wird in der Psychologie auch als `katastrophisches Gehirn´ bezeichnet und ist aus evolutionsbiologischer Sicht ein Instinkt, der das Überleben sichert. In Zeiten des Säbelzahntigers hing unser Überleben davon ab, wie gut wir gefährliche Situationen abspeichern und den Umgang damit internalisieren konnten. Schöne Blumen am Wegesrand waren da eher unwichtig. Deshalb ist die Alarmzentrale unseres Gehirns, die Amygdala, viel sensibler auf Gefahren eingestellt als auf positive Erfahrungen. Dieser immer noch aktive Mechanismus, mit dem wir Menschen uns tendenziell eher am Negativen als am Positiven orientieren, wird auch als `Amygdala-Falle´ bezeichnet. Genauso lässt es sich evolutionsbiologisch erklären, warum unser Gehirn Vertrautes liebt und vor Veränderungen zurückschreckt. In der Menschheitsgeschichte war eine veränderte Umgebung meist mit Lebensgefahr verbunden. Auch diese Angst ist immer noch in uns abgespeichert.

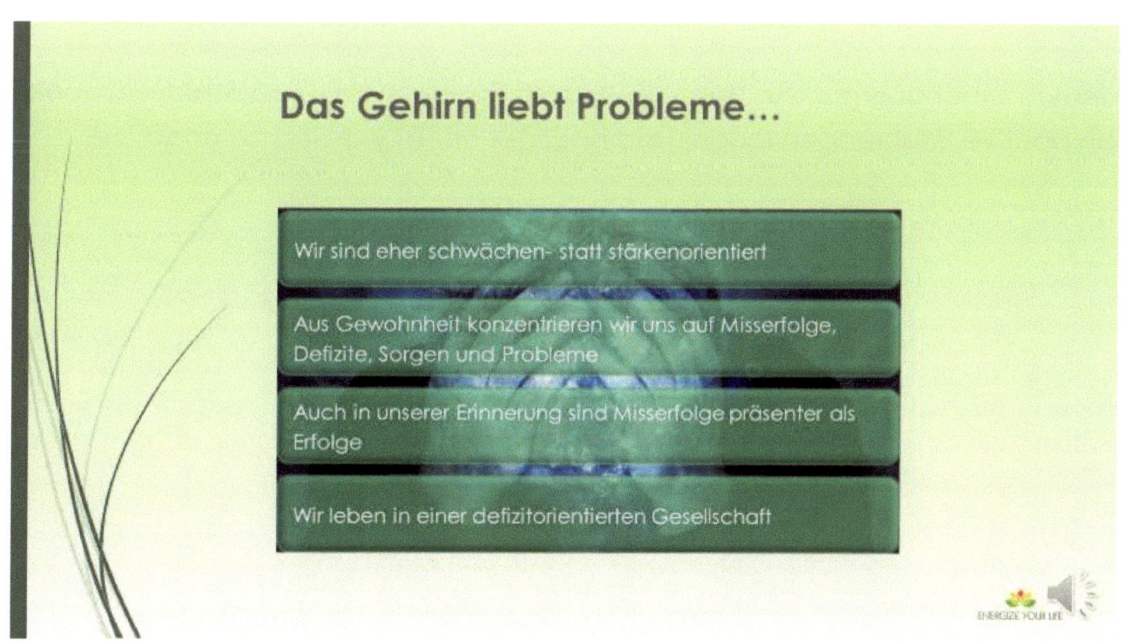

Da sich unser Gehirn – so wie jedes andere Organ auch – bei Aktivität verändert, ist nicht nur relevant, dass wir denken, sondern auch was wir denken. Angstbesetztes

Denken ist dabei besonders problematisch. Wer Angst hat, selbst wenn sie unbewusst ist, nimmt seine Umgebung nur noch selektiv wahr – gefiltert auf mögliche Gefahrenquellen. Die Konzentration vorwiegend auf Gefahren und Probleme wirkt sich aber auf unsere neuronalen Strukturen aus.

Negative Emotionen verstärken die Amygdala, den Teil des Gehirns, der für Alarm- und Angstempfinden zuständig ist. Er ist im stammesgeschichtlich ältesten Teil unseres Gehirns lokalisiert, dem Stammhirn oder `Reptiliengehirn´. Die Amygdala vergrößert sich und reagiert immer schneller auf Stressoren. Jedes Mal, wenn wir auf eine Situation mit negativen Gefühlen reagieren, trainieren wir unsere Wahrnehmung dazu, Situationen in Zukunft noch stärker als stress- oder angstbelastet zu erleben.

Das führt dazu, dass wir vorwiegend die negativen Inhalte dieser Welt wahrnehmen. Dieser Mechanismus wird dadurch verstärkt, dass er nicht zwischen Realität und Fiktion unterscheidet. Sehen wir beispielsweise einen Film mit beängstigendem Inhalt – auch Nachrichten können dazugehören – reagiert unser Körper mit einer Erhöhung des Anspannungsniveaus. Wir können also nicht sagen: Das ist nur ein Film. Dieser Teil des Gehirns sieht eine Gefahr, die er unabhängig von der Einordnung in der Realität registriert.

Um diesen Mechanismus zu entkräften und Positives im Gedächtnis zu halten, müssen positive Erfahrungen länger und häufiger erlebt werden als negative.

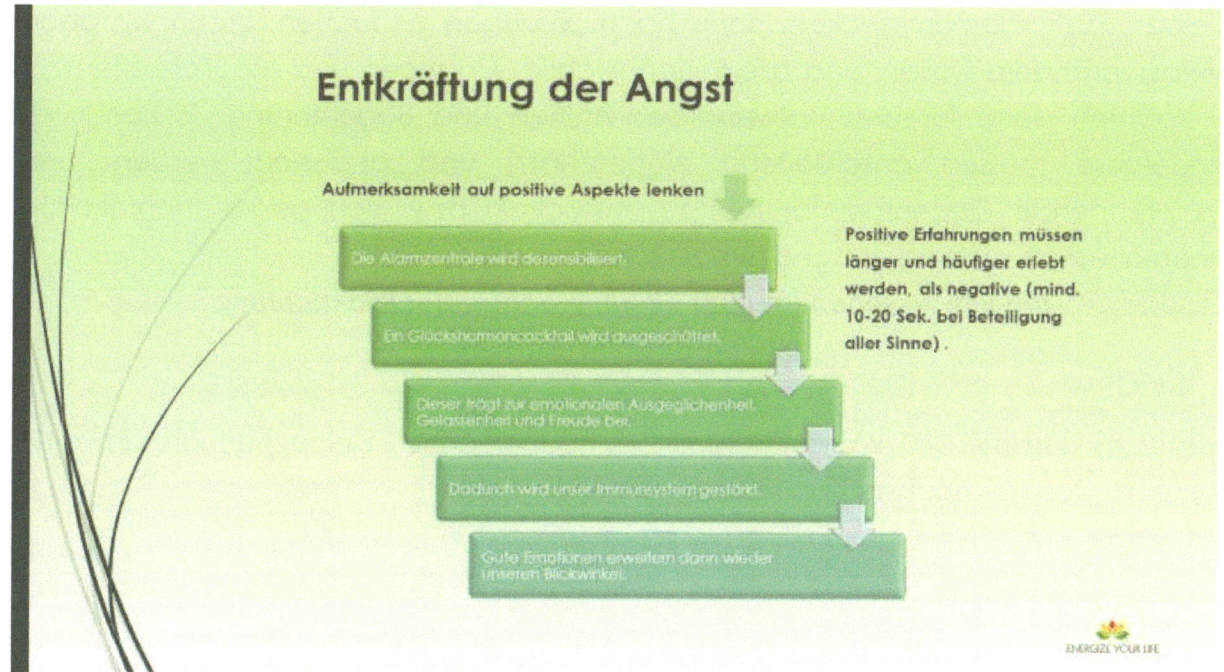

Man geht davon aus, dass eine positive Erfahrung im Langzeitgedächtnis hängen bleibt, wenn sie mindestens 10 bis 20 Sekunden anhält und alle Sinne daran beteiligt sind. Durch den aktiven Fokus auf positive Inhalte wird die Alarmzentrale in unserem Gehirn desensibilisiert. Darüber hinaus wird ein Glückshormoncocktail (z. B. Dopamin und Serotonin) ausgeschüttet, der zur emotionalen Ausgeglichenheit, Gelassenheit und Freude beiträgt. Dadurch wird unser physisches und psychisches Immunsystem gestärkt. Festzuhalten ist: Eine positive Betrachtung der Welt gibt uns Energie und eine ausschließlich negative Betrachtung der Welt kostet uns Energie. So wirkt sich die Art und Weise, die Wirklichkeit zu betrachten, auf unseren allgemeinen Gesamtzustand aus.

Verstehe mich nicht falsch. Ich plädiere nicht für das `Positive Denken´, bei dem wir uns krampfhaft nur auf die positiven Dinge im Leben konzentrieren. Das ist weder lebensnah noch gesund. Denn zum Leben gehört beides: Sonne wie Schatten. Denken wir lieber konstruktiv und betrachten beide Seiten des Lebens: Chancen und Risiken sehen, Probleme erkennen und Lösungen finden. Die Frage ist, was den größeren Raum in unserem Bewusstsein einnimmt. Sehen wir nur Chancen, droht möglicherweise eine böse Überraschung. Konzentrieren wir uns aber hauptsächlich auf die Risiken, laufen wir Gefahr, Chancen zu übersehen und in eine Handlungsstarre zu verfallen oder ein Vorhaben gar nicht erst zu beginnen. Wir

bleiben in Problemen stecken, ohne nach Lösungen zu suchen. Wenn wir aber etwas verändern wollen, sind alle Seiten wichtig: Chancen und Möglichkeiten zu betrachten, sorgt für den notwendigen Antrieb und Begeisterung. Risiken und Hindernisse müssen anschließend eingeschätzt und analysiert werden, um entsprechende Gegenmaßnahmen zu entwickeln bzw. sich gegebenenfalls für einen alternativen Weg entscheiden zu können.

´Um klar zu sehen, genügt oft ein Wechsel der Blickrichtung´
Antoine de Saint-Exupéry

Wie ist es nun mit Dir? Worauf richtest Du hauptsächlich Deine Aufmerksamkeit? Folge mir dazu ins nächste Kapitel.

Selbstcoaching

Worauf richtest Du vorwiegend Deine Aufmerksamkeit?

Achte in den beiden folgenden Wochen auf Deine Aufmerksamkeit und beantworte für Dich folgende Fragen:

Was siehst Du zuerst? Die Chancen oder die Risiken?

Auf welche Dinge richtest Du vorwiegend Deine Aufmerksamkeit: auf die Dinge in deinem Leben, die funktionieren, oder auf diejenigen, die nicht funktionieren?

Konzentrierst Du Dich bei Deinen Vorhaben auf das, was Du willst oder auf das, was du nicht willst?

Erinnerst Du Dich eher an Deine Erfolge oder an Deine Misserfolge im Leben?

Experiment

Achte in den nächsten Wochen einmal darauf, ...

... was gut läuft

... was Deine Erfolge sind

... was Du ändern möchtest

...und konzentriere Dich auf das, was geht!

In diesem Sinn möchte ich Dir den folgenden Spruch von Götz Werner, Begründer der Drogeriemarktkette `dm´, mit auf den Weg geben:

`Wer will findet Wege, wer nicht will findet Gründe! ´

Auswertung des Experimentes

Was ist gut gelaufen?

Was waren Deine Erfolge?

Veränderungspotenzial: Was willst Du ändern?

Welche Gründe sprechen dafür, dass es funktioniert?

Ein Teil unserer `inneren Landkarte´, die unsere Aufmerksamkeit und unseren Fokus lenkt, wird von unseren inneren Antreibern und Überzeugungen geprägt. Dazu mehr in den nächsten beiden Kapiteln.

Meine Konsequenzen

Was hat Dich verblüfft?

Welche Konsequenzen ziehst Du aus diesem Kapitel? Welche Veränderungspotenziale gibt es? Welche sind die drei wichtigsten?

Was kannst Du in nächsten 76 Stunden schon dafür tun, diese Konsequenzen umzusetzen?

Meine inneren Antreiber –

Hintergrund

Innere Antreiber und hinderliche Überzeugungen sind häufig die Ursache dafür, dass wir ein Leben lang ein Verhalten an den Tag legen, das uns eher schadet als nützt. Die gute Nachricht ist, dass wir es jederzeit verändern können. Dazu müssen wir unsere inneren Antreiber und hinderlichen Überzeugungen ins Bewusstsein holen. In dieser Lektion beschäftigen wir uns mit Deinen inneren Antreibern.

Zunächst erhältst Du Hintergrundinformationen zu den jeweiligen Antreibern. Anschließend lade ich Dich dazu ein, in einem Test diejenigen Antreiber zu identifizieren, die in Deinem Leben bestimmend sind.

Das Konzept der `inneren Antreiber´ stammt aus der Transaktionsanalyse. Innere Antreiber entstehen in der Kindheit und sind häufig die Stimmen von Autoritätspersonen wie Eltern, Großeltern oder Lehrern. Sie spiegeln deren Erwartungen und Ansprüche wider. Diese Stimmen verinnerlichen wir dann im Laufe des Lebens, bis sie zu einem Teil von uns und unserem Antrieb werden. Oft halten wir ein ganzes Leben an ihnen fest, ohne deren Sinnhaftigkeit zu hinterfragen und ohne zu überprüfen, ob sie noch in unsere jetzige Lebenswirklichkeit passen oder ob sie uns guttun.

Innere Antreiber können förderlich und hinderlich wirken. Wenn wir uns durchbeißen, diszipliniert lernen oder gleichbleibend tadellose Arbeit abliefern, können sie unseren Erfolg im Leben fördern. Häufig erzeugen sie aber auch Druck. Durch bestimmte Denkmuster, wie `Ich darf keine Schwäche zeigen´, `Ich darf keine Fehler machen´, `Alle müssen mich mögen´ oder `Ich habe keine Zeit´, lösen sie Verhalten in uns aus, dass uns schadet und unsere Gesundheit gefährden kann.

Es wird zwischen folgenden Antreibern unterschieden:

Die verschiedenen Antreiber

Sei stark!

Menschen mit diesem Antreiber fürchten sich davor, verwundbar oder verletzlich durch die Abhängigkeit von anderen zu sein. Auf Hilfe von außen wird verzichtet. Aufgaben werden nicht delegiert. `Sei-stark´-Menschen streben danach, ein starkes Bild von sich zu vermitteln und wollen den Eindruck von Schwäche, Hilf- und Ratlosigkeit vermeiden. Dabei zeigen sie Durchhalte- und Durchsetzungsvermögen und neigen zu Härte und Heldentum: `Indianer kennen keinen Schmerz´. Aufgeben ist für sie ein Fremdwort. Sie gehen zu sich selbst auf Distanz, indem sie häufig das Wort `man´ verwenden: `Solche Situationen bringen einen ganz schön unter Druck´ oder `Das freut einen dann ja doch´. Die Körperhaltung ist eher verschlossen und ihre Gestik sparsam. Gefühle werden in der Regel nur engsten Vertrauenspersonen gegenüber geäußert. Die Gefahr für solche Menschen besteht darin, sich zu überfordern, da sie physische und psychische Alarmsignale gerne ignorieren.

`Sei-stark´-Menschen sind die Helden des Alltags. Sie können kurzfristig außerordentliche Leistungen vollbringen und haben genügend Widerstandskraft und Kampfgeist, um Dinge voranzubringen, auch wenn es schwierig ist. Folgende `Erlauber´ können `Sei-stark´-Menschen entlasten:

o   `Ich darf auch mal um Hilfe bitten´
o   `Ich darf auch delegieren´
o   `Auch ich darf mal schwach sein´
o   `Gefühle zeigen ist menschlich´

Sei perfekt!

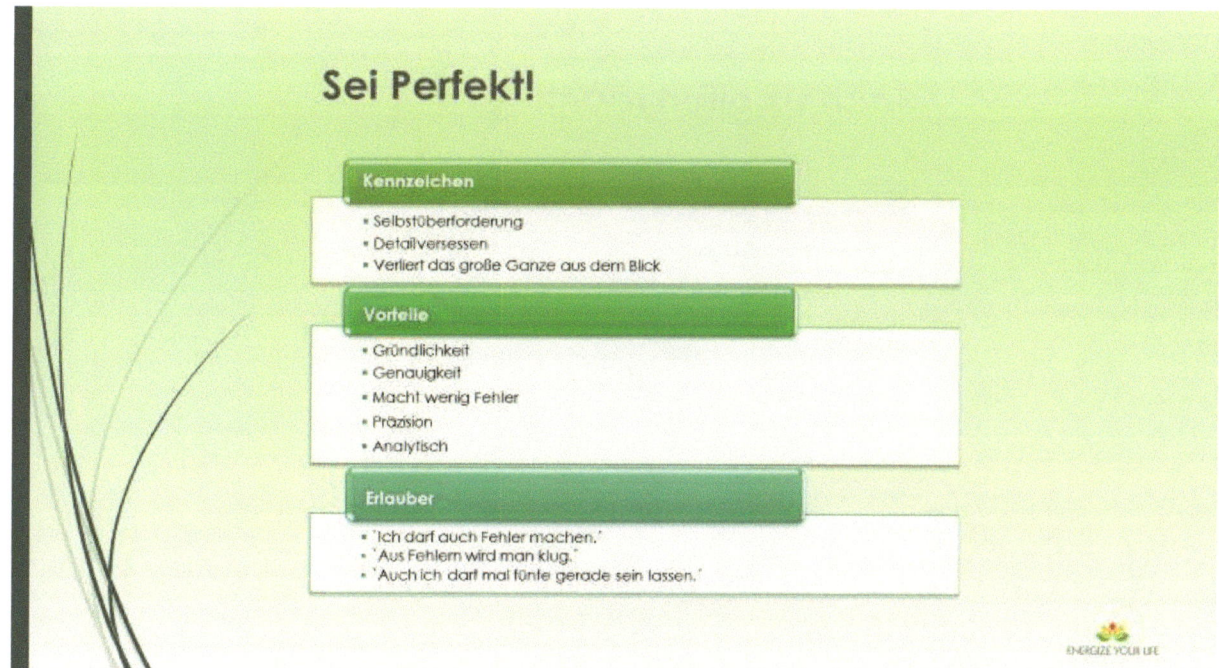

`Sei-perfekt´-Menschen bemühen sich um Perfektion, unabhängig von Zeit- und Kostenaufwand. Dieser Maßstab nach Perfektion, Gründlichkeit und Vollkommenheit wird auch den Mitmenschen auferlegt. Fehlerlosigkeit ist der Anspruch und das Maß, nach dem gemessen wird. Sie machen sich häufig unbeliebt, weil sie nach dem Haar in der Suppe suchen. Dabei sind sie streng, fordernd, unnachgiebig (mit sich und anderen) und neigen zu überzogener Kritik. Positives halten sie für selbstverständlich und lassen es in der Regel unkommentiert. Durch eine fehlerfreie Leistung erhoffen sich `Sei-perfekt´-Menschen die Anerkennung, die sie glauben, nur durch ihre Person und ihr `Sosein´ nicht verdient zu haben.

Die hilfreichen Tugenden dieser Perfektionisten sind ihr Sinn für Genauigkeit, Qualität und ihr Streben nach Fehlerlosigkeit und Vollkommenheit. Sie sind gut organisiert und können leicht komplexe Zusammenhänge durchschauen und managen. Folgende `Erlauber´ können die `Sei-perfekt´-Menschen entlasten:

o   `Ich darf auch Fehler machen´

o   `Aus Fehlern wird man klug´

o   `Auch ich darf mal fünfe gerade sein lassen´

Mach es allen recht!

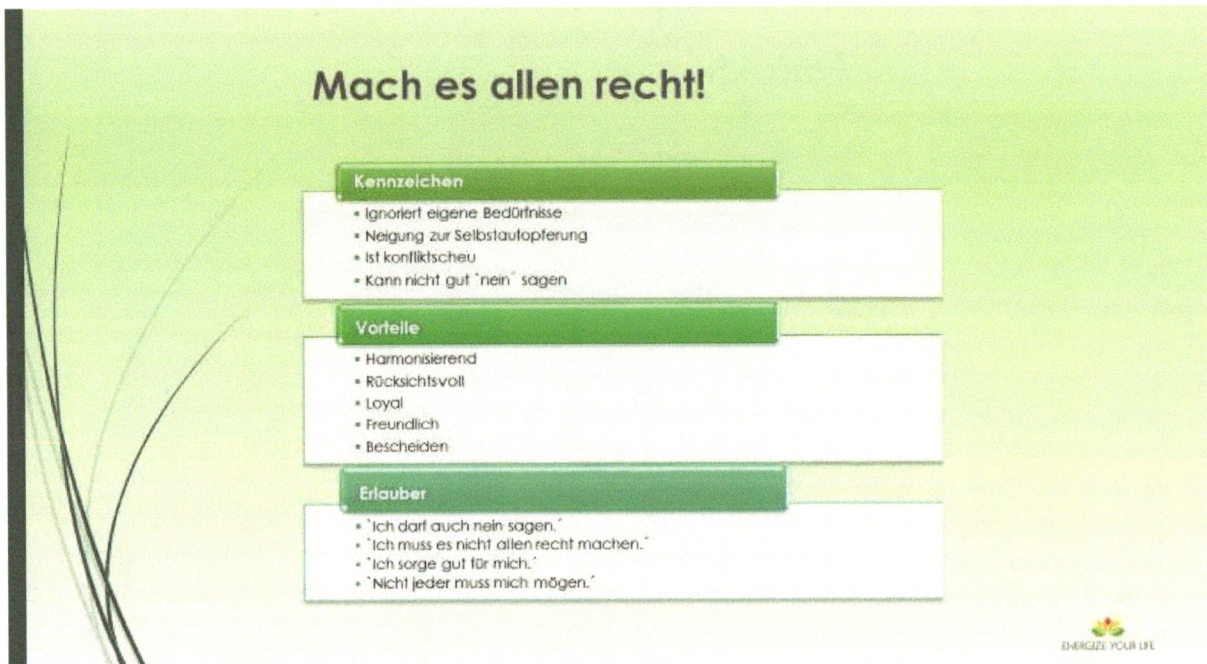

Menschen mit diesem Antreiber neigen dazu, ihre Bedürfnisse nicht wichtig zu nehmen und hintenanzustellen. Sie richten sich danach, was andere von ihnen erwarten und kommen dabei meist selbst zu kurz. `Mach-es-allen-recht´-Menschen fühlen sich dafür verantwortlich, dass andere sich wohlfühlen. Häufig fantasieren sie jedoch nur, was sich ihre Mitmenschen wünschen. Sie möchten beliebt sein, sind sehr konfliktscheu und haben nicht gelernt, `nein´ zu sagen. Gleichzeitig erwarten sie auch, dass Rücksicht auf sie genommen wird, ohne dass sie ihre eigenen Bedürfnisse und Wünsche kundtun. Es besteht die Gefahr, dass sie sich selbst verleugnen, sich für andere aufopfern und dabei gesundheitlich Schaden nehmen. Eine besondere Fähigkeit von `Mach-es-allen-recht´-Menschen ist ihre soziale Wahrnehmung, die es ihnen ermöglicht, auf die Bedürfnisse anderer einzugehen. So können sie sehr feinfühlig für Gruppenprozesse, soziale Stimmungen und Reaktionen sein. Folgende `Erlauber´ können die `Mach-es-allen-recht´-Menschen entlasten:

o   `Ich darf auch nein sagen´

o   `Ich muss es nicht allen recht machen´

o   `Ich sorge gut für mich´

o   `Nicht jeder muss mich mögen´

Beeil dich!

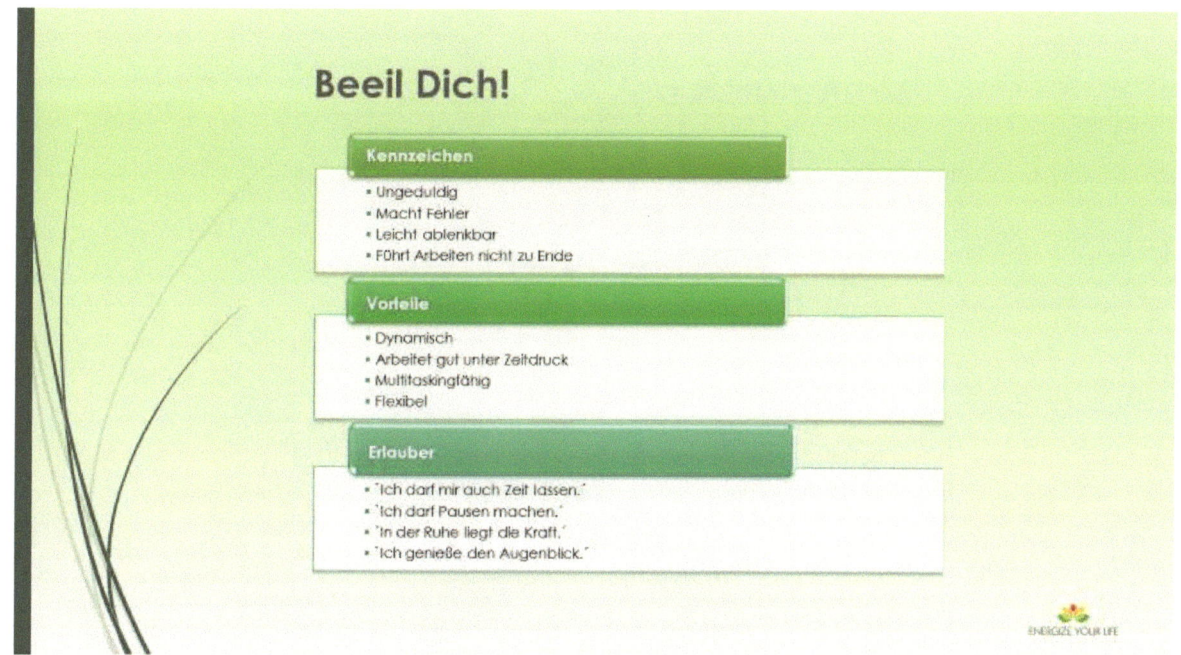

Kennzeichnend für Menschen dieses Antreibers sind Dynamik, Tempo und Arbeiten unter Zeitdruck. Sie sind meist völlig überlastet und in Hektik. Alles muss besonders schnell gehen und sofort getan werden, möglichst mehrere Dinge gleichzeitig. Ruhiges und konzentriertes Arbeiten ist diesen Menschen fremd. Sie werden schnell ungeduldig und verbreiten Unruhe. Die Gefahr ist, dass ihnen durch das schnelle Arbeiten viele Fehler unterlaufen und sie es noch nicht einmal merken. Dies führt mitunter zu peinlichen und unangenehmen Situationen. Durch die starke Lösungsorientierung droht die Analyse meist zu kurz zu kommen. Auch Zuhören gehört nicht zu ihren Stärken, wodurch wichtige Informationen verloren gehen können.

`Beeil-dich´-Menschen können eine gewisse Zeit auf hohem Aktivitätsniveau leistungsfähig bleiben – auch in komplexen Situationen. Sie sind multitaskingfähig, sehr flexibel und verfügen in der Regel über eine hohe Stressresistenz. Das sind alles Eigenschaften, die in der heutigen Welt von Vorteil, aber nicht ohne Gefahr für die eigene Gesundheit sind. Folgende `Erlauber´ können die `Beeil-dich´-Menschen entlasten:

o `Ich darf mir auch Zeit lassen´

o `Ich darf Pausen machen´

o `In der Ruhe liegt die Kraft´

o `Ich genieße den Augenblick´

Streng dich an!

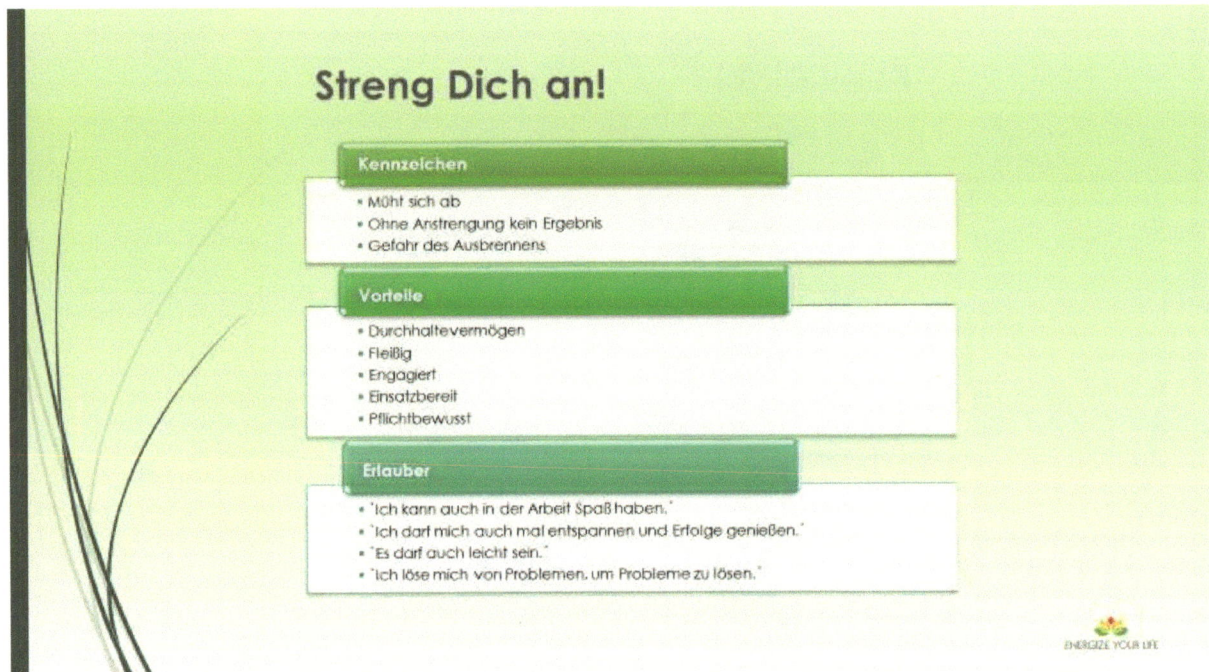

`S

treng-dich-an´-Menschen sind engagiert, fleißig, pflichtbewusst und zeichnen sich durch ein hohes Durchhaltevermögen aus. Sie haben den nötigen Sinn für Gründlichkeit und Ausdauer. Dabei geht Quantität meist vor Qualität. Erfolge, die nicht auf Anstrengungen basieren, taugen nichts: `Von nichts kommt nichts´, `Ohne Fleiß kein Preis´. Wenn etwas nicht klappt, wird sich halt noch mehr angestrengt. Genießen und einfach mal entspannen – auch nach Erfolgen – ist genauso wenig vorgesehen wie lustvolles Leisten oder die Freude am spielerisch erreichbaren Erfolg. Menschen mit dem `Streng-dich-an´-Antreiber wählen häufig den anstrengendsten Lösungsweg. `Warum einfach, wenn es auch anstrengend geht?´ Improvisation fällt Ihnen schwer. Ständig fühlen sie sich von ernsten Problemen, Schwierigkeiten oder Krisen bedroht und leben in ständiger Sorge, es nicht zu schaffen. Dann strengen sie sich noch mehr an. Der Zweifel an der eigenen Leistungsfähigkeit führt dazu, dass Lebensenergie in Anstrengung übersetzt wird: `Ich mühe mich, also bin ich´.

Am Anfang einer Unternehmung können solche Menschen sehr aktiv sein. Doch mit der Zeit wird vieles zu Mühsal. Menschen mit dem `Streng-dich-an´-Antreiber ackern, solange der Boden noch gefroren ist, statt die Frühlingssonne ihre Arbeit tun zu lassen. Folgende `Erlauber´ können diese Menschen entlasten:

o `Ich kann auch bei der Arbeit Spaß haben´
o `Ich darf mich auch mal entspannen und Erfolge genießen´
o `Es darf auch leicht sein´
o `Ich löse mich von Problemen, um Probleme zu lösen´

Hier noch einmal eine Zusammenfassung:

Vorteile, Gefahren und Erlauber

Antreiber	Vorteile	Gefahren	`Erlauber`
Sei stark!	• Durchhaltevermögen • Durchsetzungsvermögen • Erfüllt Aufgaben • Häufige Vorbildfunktion	• Akzeptiert keine Hilfe • Körperliche und psychische Alarmsignale werden ignoriert • Gefahr physischer und psychischer Erkrankungen	• Ich darf auch mal um Hilfe bitten • Ich darf auch delegieren • Auch ich darf mal schwach sein • Gefühle zeigen ist menschlich
Sei perfekt!	• Gründlichkeit • Genauigkeit • Macht wenig Fehler • Präzision • Analytisch	• Selbstüberforderung • Detailversessen • Verliert das Große Ganze aus dem Blick	• Ich darf auch Fehler machen • Aus Fehlern wird man klug • Auch ich darf mal `fünfe gerade sein lassen`
Mach es allen recht!	• Harmonisierend • Rücksichtsvoll • Loyal • Freundlich • Bescheiden	• Kann nicht `nein` sagen • Neigung zur Selbstaufopferung • Ignoriert eigene Bedürfnisse	• Ich darf auch nein sagen • Ich muss es nicht allen recht machen • Ich sorge gut für mich • Nicht jeder muss mich mögen
Beeil dich!	• Dynamisch • Arbeitet gut unter Zeitdruck • Multitaskingfähig • Flexibel	• Ungeduldig • Macht Fehler • Leicht ablenkbar • Führt Arbeiten nicht zu Ende	• Ich darf mir auch Zeit lassen • Ich darf auch mal Pause machen • In der Ruhe liegt die Kraft • Ich darf genießen
Streng dich an!	• Fleißig • Durchhaltevermögen • Engagiert • Einsatzbereit • Pflichtbewusst	• Müht sich ab • Ohne Anstrengung kein Ergebnis • Gefahr des Ausbrennens	• Es darf auch leicht sein • Ich kann auch in der Arbeit Spaß haben • Ich darf mich auch mal entspannen und Erfolge genießen • Ich löse Probleme, um mich von Problemen lösen

ENERGIZE YOUR LIFE

Test: Innere Antreiber – Selbsteinschätzung

In der Regel haben wir von allen Antreibern etwas. Um aber zu überprüfen, welcher Antreiber bei Dir die Oberhand hat, beantworte die untenstehenden Fragen (nach Karl Kälin und Peter Müri) bitte so ehrlich und spontan wie möglich. Bewerte anhand der Skala, in welchem Maße die Aussagen auf Dich zutreffen. Notiere zu jeder der folgenden Aussagen die Punktzahl nach dem Grad Deiner Zustimmung.

ENERGIZE YOUR LIFE

Mehr Energie - Mehr Freude - Mehr Leichtigkeit

5 = stimmt voll und ganz

4 = stimmt meistens

3 = stimmt etwas

2 = stimmt kaum

1 = stimmt gar nicht

1. Wenn ich eine Arbeit mache, dann mache ich sie gründlich.   1 2 3 4 5

2. Ich fühle mich verantwortlich, dass diejenigen, die mit mir zu tun haben,   1 2 3 4 5
   sich wohlfühlen.

3. Ich bin ständig auf Trab.   1 2 3 4 5

4. Anderen gegenüber zeige ich meine Schwächen nicht gern.   1 2 3 4 5

5. Wenn ich raste, roste ich.   1 2 3 4 5

6. Häufig brauche ich Sätze wie: „Es ist schwierig, etwas so genau zu sagen."   1 2 3 4 5

7. Ich sage oft mehr, als eigentlich nötig ist.   1 2 3 4 5

8. Ich habe Mühe, Leute zu akzeptieren, die nicht genau sind.   1 2 3 4 5

9. Es fällt mir schwer, Gefühle zu zeigen.   1 2 3 4 5

10. Nur nicht locker lassen ist meine Devise.   1 2 3 4 5

11. Wenn ich eine Meinung äußere, begründe ich sie auch.   1 2 3 4 5

12. Wenn ich einen Wunsch habe, erfülle ich ihn mir schnell.   1 2 3 4 5

13. Ich liefere einen Bericht erst ab, wenn ich ihn mehrere Male überarbeitet   1 2 3 4 5
    habe.

14. Leute, die „herumtrödeln", regen mich auf.   1 2 3 4 5

15. Es ist mir wichtig, von den anderen akzeptiert zu werden.   1 2 3 4 5

16. Ich habe eine harte Schale, aber einen weichen Kern.   1 2 3 4 5

17. Ich versuche oft herauszufinden, was andere von mir erwarten, um mich   1 2 3 4 5
danach zu richten.

18. Leute, die unbekümmert in den Tag hineinleben, kann ich nur schwer   1 2 3 4 5
verstehen.

19. Bei Diskussionen unterbreche ich die anderen oft.   1 2 3 4 5

20. Ich löse meine Probleme selber.   1 2 3 4 5

21. Aufgaben erledige ich möglichst rasch.   1 2 3 4 5

22. Im Umgang mit anderen bin ich auf Distanz bedacht.   1 2 3 4 5

23. Ich sollte viele Aufgaben noch besser erledigen.   1 2 3 4 5

24. Ich kümmere mich persönlich auch um nebensächliche Dinge.   1 2 3 4 5

25. Erfolge fallen nicht vom Himmel, ich muss sie hart erarbeiten.   1 2 3 4 5

26. Für dumme Fehler habe ich kein Verständnis.   1 2 3 4 5

27. Ich schätze es, wenn andere auf meine Fragen rasch und bündig   1 2 3 4 5
antworten.

28. Es ist mir wichtig, von den anderen zu erfahren, ob ich meine Sache gut   1 2 3 4 5
gemacht habe.

29. Wenn ich eine Aufgabe einmal begonnen habe, führe ich sie auch zu   1 2 3 4 5
Ende.

30. Ich stelle meine Wünsche und Bedürfnisse zugunsten derjenigen anderen   1 2 3 4 5
Personen zurück.

31. Ich bin anderen gegenüber oft hart, um von ihnen nicht verletzt zu   1 2 3 4 5
werden.

32. Ich trommle oft ungeduldig mit den Fingern auf den Tisch.   1 2 3 4 5

33. Beim Erklären von Sachverhalten verwende ich gerne eine klare   1 2 3 4 5
Aufzählung

34. Ich glaube, dass die meisten Dinge nicht so einfach sind, wie viele meinen.   1 2 3 4 5

35. Es ist mir unangenehm, andere Leute zu kritisieren.   1 2 3 4 5

36. Bei Diskussionen nicke ich häufig mit dem Kopf.   1 2 3 4 5

37. Ich strenge mich an, meine Ziele zu erreichen.   1 2 3 4 5

38. Mein Gesichtsausdruck ist eher ernst.   1 2 3 4 5

39. Ich bin nervös.   1 2 3 4 5

40. So schnell kann mich nichts erschüttern.   1 2 3 4 5

41. Meine Probleme gehen die anderen nichts an.   1 2 3 4 5

42. Ich sage oft: „Macht mal vorwärts".   1 2 3 4 5

43. Ich sage oft: „genau" „exakt" „klar" „logisch".   1 2 3 4 5

44. Ich sage oft: „Das verstehe ich nicht".   1 2 3 4 5

45. Ich sage eher: „Können Sie es nicht einmal versuchen" als „Versuchen Sie   1 2 3 4 5
es einmal".

46. Ich bin diplomatisch.   1 2 3 4 5

47. Ich versuche, die an mich gestellten Erwartungen zu übertreffen.   1 2 3 4 5

48. Beim Telefonieren bearbeite ich oft noch etwas anderes.   1 2 3 4 5

49. „Auf die Zähne beißen" heißt die Devise.   1 2 3 4 5

50. Trotz enormer Anstrengung will mir vieles einfach nicht gelingen.   1 2 3 4 5

Auswertung

Übertrage unten Deine Zahlenwerte für jede Frage. Zähle die Zahlenwerte für jeden Antreiber zusammen. Der Antreiber mit dem höchsten Zahlenwert ist Dein Hauptantreiber.

Sei perfekt

Fragen: 1__ 8__ 11__ 13__ 23__24__ 33__ 38__ 43__ 47__

Insgesamt: ___

Mach schnell

Fragen: 3__ 12__ 14__ 19__ 21__27__ 32__ 39__ 42__ 48__

Insgesamt: ___

Streng Dich an

Fragen: 4__ 6__ 10__ 18__ 25__29__ 34__ 37__ 44__ 50__

Insgesamt: ___

Mach es allen recht

Fragen: 2__ 7__ 15__ 17__ 28__30__ 35__ 36__ 45__ 46__

Insgesamt: ___

Sei stark

Fragen: 5__ 9__ 16__ 20__ 22__26__ 31__ 40__ 41__ 49__

Insgesamt: ___

Punktbewertung:

bis 30 Punkte: förderlich

ab 30 Punkte: kann Leistung beeinträchtigen

ab 40 Punkte: kann sich möglicherweise gesundheitsgefährdend auswirken

Wenn Du auf einen hohen Punktwert bei dem einen oder anderen Antreiber kommst, empfehle ich Dir mit diesem genauso vorzugehen, wie mit den

hinderlichen Überzeugungen, die im nächsten Abschnitt folgen.

Meine Konsequenzen

Was hat Dich verblüfft?

Welche Konsequenzen möchtest Du aus diesem Test ziehen?

Was kannst Du in den nächsten 76 Stunden schon dafür tun, diese Konsequenzen umzusetzen?

Meine Überzeugungen

Hintergrundinformationen

Mahatma Gandhi:
Deine Überzeugungen werden deine Gedanken
Deine Gedanken werden deine Worte
Deine Worte werden dein Handeln
Dein Handeln wird zu deinen Gewohnheiten
Deine Gewohnheiten werden zu deinen Werten
Deine Werte werden zu deiner Bestimmung

Innere Antreiber und hinderliche Überzeugungen sind häufig die Ursache dafür, dass wir ein Leben lang ein Verhalten an den Tag legen, das uns eher schadet als nützt. Die gute Nachricht ist, dass wir es jederzeit verändern können. Dazu müssen wir unsere inneren Antreiber und hinderlichen Überzeugungen ins Bewusstsein holen. Dieses Modul wird Dir dabei helfen. In diesem Kapitel wenden wir uns Deinen hinderlichen Überzeugungen zu.

Um hinderliche Überzeugungen zu erkennen, beobachtest Du eine Zeit lang Deine Gedanken, Gefühle und Körperempfindungen, die Du in einzelnen Situationen Deines Alltags hast, und schätzt deren Folgen auf der Handlungsebene ein. Anschließend suchst Du Dir eine konkrete Überzeugung aus, die Du als Erstes verändern möchtest. Diese nimmst Du mithilfe von unterstützenden Fragen genau unter die Lupe. Abschließend gebe ich Dir einen Leitfaden zur Veränderung der hinderlichen Überzeugung an die Hand sowie konkrete Tipps zur Umsetzung.

Was sind Überzeugungen?

Überzeugungen – auch Glaubenssätze genannt - sind Annahmen über unsere eigene Person, die Welt und wie wir und die Welt funktionieren. Dabei leiten sie unser Denken, Fühlen und Handeln. Glaubenssätze entwickeln sich durch Erziehung, Vorbilder und Einflüsse des persönlichen und kulturellen Umfeldes.

Wie auch die inneren Antreiber stammen sie meist aus unserer Kindheit. Suggestionen wie: `Aus Dir wird nie was Gescheites´, `Das schaffst Du nie´, `Dafür bist Du zu blöd´, werden uns von wichtigen Bezugspersonen wie Eltern, Erziehern oder der Peergroup `eingeflüstert´. Aber auch falsche Interpretationen der Aussagen dieser Bezugspersonen, wie `Man bekommt nichts im Leben geschenkt´, `Geld macht auch nicht glücklich´ oder `Geld verdirbt den Charakter´, wirken sich auf unseren Umgang mit bestimmten Situationen im Leben aus. Und wenn wir etwas oft genug hören, dann glauben wir es auch, ganz nach dem Motto `steter Tropfen höhlt den Stein.´. Vor allem dann, wenn wir noch so formbar sind wie in unserer Kindheit. So verfolgen uns die Lebensweisheiten aus Kindertagen oft bis ins hohe Alter. Häufig geben wir sie dann auch noch an unsere Kinder weiter. So entstehen dann Familienglaubenssätze, die nur schwer zu entkräften und zu widerlegen sind.

Hinderliche Überzeugungen können uns ein Leben lang verfolgen und uns an der Ausschöpfung unseres Potenzials, an der Verwirklichung unserer Ziele und am Erfolg hindern. Mitunter manifestieren sie sich zu regelrechten inneren Blockaden, die uns Kraft, Energie und Lebensfreude rauben und Auslöser für eine Vielzahl von körperlichen und psychischen Stressreaktionen sind. Sie können die Ursache von Bindungsängsten, eingeschränkter Leistungsfähigkeit, fehlendem Erfolg oder auch von Überreaktionen bei gewissen Themen sein.

Durch unsere Glaubenssätze betreiben wir fast tagtäglich eine Art Selbsthypnose, wodurch sie immer wieder aufs Neue bestätigt werden. So graben sie sich tief in unser Unterbewusstsein ein, bestimmen unser Selbstbild, Denken und Handeln und beeinflussen erheblich unsere Lebensqualität.

Die verschiedenen Glaubenssätze stehen in der Regel nicht isoliert nebeneinander, sondern stützen und verstärken sich gegenseitig. Sie bilden ein Orchester, dass als zusammenhängendes Gedankengebäude unsere Weltsicht ausdrückt. In hitzigen Diskussionen treffen meist unterschiedliche Weltbilder mit den dazugehörigen `Glaubenssatzorchestern´ aufeinander. Die Atmosphäre ließe sich abkühlen, würden wir auch den anderen ihre Sicht auf die Welt zugestehen und erkennen, dass es sich bei unserer Weltsicht nur um einen persönlichen Blick auf Welt handelt.

Vorteile von Glaubenssätzen

Glaubenssätze bergen viele verführerische Vorteile, weswegen wir sie nur ungern loslassen. Hier seien einige beispielhaft beschrieben:

Bequemlichkeit

Weil unser Gehirn faul ist, liebt es Abkürzungen und strebt danach, Energie zu sparen, indem es liebgewonnene Gewohnheiten pflegt und vorzugsweise Routinen anwendet. So funktionieren wir in vielen Situationen wie durch einen Autopiloten gesteuert. Früher Erlerntes wird meist unbewusst auch auf neue Situationen angewandt. Treffen wir auf ungewohnte Begebenheiten, wird erst einmal der kognitive Autopilot eingeschaltet. Glaubenssätze sind mentale `Trampelpfade´ im Gehirn, die uns weitere Denkarbeit ersparen. Weil Glaubenssätze so bequem sind, geben wir sie nur ungern auf. Wir haben einen Grund in unserer Komfortzone zu verbleiben, nichts verändern zu müssen und alles so zu belassen, wie es ist. Beispiele: `Das funktioniert bei uns sowieso nicht. ´, `In meinem Alter hab ich da eh keine Chance. ´, `So bin ich eben, da kann ich nichts machen. ´

Sicherheit

Bestimmte Glaubenssätze bewahren uns davor, Neues auszuprobieren und damit zu scheitern. `Das haben schon ganz andere probiert. ´, `Wenn das so leicht wäre,

hätte man es schon versucht. ´, `Das gibt es schon. Mit dieser Idee hab ich keine Chance mehr auf dem Markt.´, `Hier weiß ich, was ich hab. ´, `Besser der Spatz in der Hand, als die Taube auf dem Dach.´. Durch solche Glaubenssätze, können wir auf unserem alten Weg bleiben, müssen uns unseren Ängsten und der Gefahr des Scheiterns nicht stellen. Risiken gehen wir so konsequent aus dem Weg. Aber: wir können auch nichts neues lernen oder hinzugewinnen.

Vermeidung von Konflikten

`Wenn das jeder machen würde.´, `Das kann ich meinem Mann/Chef/Freund/meinen Eltern, Kindern… nicht antun.´. Diese Art der Aussagen führen dazu, dass wir Vorhaben, die uns eigentlich guttun würden, unterlassen, aus Angst andere zu verletzen oder auch in Konfrontation mit ihnen zu treten. Insgeheim sind wir möglicherweise aber froh, eine Ausrede gefunden zu haben, um bestimmte Dinge nicht ausprobieren zu müssen, vor denen wir eigentlich Angst haben.

Selbstwert

Viele Glaubenssätze führen dazu, dass wir die Verantwortung für Entscheidungen, Nicht-Handeln oder Scheitern den Umständen und anderen Personen zuschieben: `Hätten meine Eltern mich mehr gefördert, wäre ich heute erfolgreicher´, `Wenn ich fähigere Mitarbeiter hätte, würden wir bessere Zahlen schreiben.´, `Bei der Konkurrenz könne wir eh nichts machen.´, `Hätte ich damals keine Kinder bekommen, wäre ich heute erfolgreich im Job.´. Durch solche Aussagen weigern wir uns – meist unbewusst - Eigenverantwortung zu übernehmen. Sie tragen dazu bei, unseren Selbstwert zu retten. Wir schonen uns, indem wir unbequemen Wahrheiten über uns aus dem Weg gehen.

Glaubenssätze haben meist mehrere Vorteile im Gepäck, weswegen wir ungehalten reagieren, wenn sie von anderen entlarvt werden. Es gehört Ehrlichkeit und Mut dazu, sich hinderlichen Denkmustern zu stellen und diese in förderliche umzuwandeln.

Der Kreislauf der selbsterfüllenden Prophezeiung

Glaubenssätze erkennt man daran, dass sie häufig Verallgemeinerungen bergen, wie beispielsweise `immer´, `nie´, `jeder´, `jede´, `alle´ .... Wir basteln aus Einzelerfahrungen ganze Denkgebäude, die sich unverrückbar und felsenfest in unser Gehirn eingraben. Sie steuern unsere Aufmerksamkeit und bestimmen, welche Informationen wir aufnehmen und wie wir sie interpretieren.

Somit nähren Glaubenssätze sich selbst: Durch eine begrenzte Aufnahmekapazität wird unsere Wahrnehmung gefiltert (siehe auch Lektion `Mein Aufmerksamkeitsfokus´). Dabei konzentriert sich unser Gehirn auf Reize, die unseren Interessen und unseren Erwartungen entsprechen, oder dem, was wir kennen. Dies sorgt dafür, dass wir Ereignisse, Situationen oder Begebenheiten übersehen oder relativieren, wenn sie nicht unseren Erwartungen entsprechen. So bestätigt sich das, was wir eh schon kennen bzw. erwarten. Informationen, die nicht zu unseren Glaubenssätzen passen, blenden wir geflissentlich aus. Sie stören nur unser Weltbild.

Hinderliche Überzeugungen flüstern uns als kleine `Hirngeister´ ein, dass es keinen Sinn hat, Neues auszuprobieren, womit wir dann unsere Komfortzone des Gewohnten niemals verlassen. So landen wir im Kreislauf der selbsterfüllenden Prophezeiung:

Durch unsere Erwartungen filtern wir unsere Wahrnehmung. Dieser mentale Fokus beeinflusst unsere Gedanken und Gefühle. Diese wiederum bestimmen unser Verhalten. Das zieht dann natürlich ein entsprechendes Verhalten unserer Umgebung nach sich. Und so bestätigen sich unsere Erwartungen, womit der Kreislauf der selbsterfüllenden Prophezeiung dann geschlossen würde.

Doch neben all diesen negativen Aspekten haben Glaubenssätze auch immer eine Funktion und entstehen nicht umsonst. Wollen wir sie auflösen, kommen wir nicht umhin, uns näher mit unseren Themen, Ängsten und Hindernissen auseinanderzusetzen und diese zu reflektieren. Das wollen wir jetzt tun.

Beobachte in den nächsten sieben Tagen, in welchen Situationen welche Gedanken bei Dir auftauchen, welche inneren Dialoge Du führst, welche Emotionen und Körperempfindungen damit verbunden sind und wie Du reagierst.

Vielleicht druckst Du Dir die Tabelle auf der nächsten Seite aus, um zeitnah entsprechende Notizen zu machen. Das wird Dir auch bei der Beantwortung der Reflexionsfragen helfen. Beispielhafte Überzeugungsmuster findest Du auf Seite 14.

Anschließend suchst Du die Überzeugung aus, die Du als Erstes verändern möchtest. Diese nimmst Du dann genau unter die Lupe, um sie abschließend in eine förderliche Überzeugung zu verwandeln.

Praxis

Ist-Situation

`Fange´ nun Deine Gedanken, Gefühle, Körperempfindungen sowie Dein Handeln in den nächsten sieben Tagen in einem `Netz´ ein. Notiere Deinen `Fang´ in die untenstehende Tabelle. Um einen besseren Überblick zu erhalten, kann es hilfreich sein, positive bzw. negative Ausschläge mit einem Symbol zu versehen (z. B. Smiley, Blitz, Sternchen) oder sie farblich zu markieren. Reflektiere anschließend das Ergebnis mithilfe der Reflexionsfragen auf der nächsten Seite.

Situation Wer, Wo, Was, Wann	Meine Gedanken (innerer Dialog)	Meine Gefühle	Körper-empfindungen	Folgen auf der Handlungsebene: Was sage/tue ich (nicht?)

Reflexionsfragen

Betrachte die Auslöser Deiner Gedanken: Wo entstehen sie, wo kommen sie her? Sind es Aufgaben, die Du zu erledigen hast? Sind es Bewertungen, die Du über Dich, die Welt oder andere hast? Sind es Erinnerungen an die Vergangenheit oder Gedanken an die Zukunft?

Welches konkrete Umfeld produziert bestimmte Sätze in Dir? Sind es immer wiederkehrende Situationen, Personen oder auch Orte? Welche Gemeinsamkeiten fallen Dir auf? Gibt es Überschriften?

Was lösen die inneren Dialoge emotional bei Dir aus? Was körperlich? Zu welchem Verhalten bewegen sie Dich?

Welche förderlichen Überzeugungen gibt es? Was haben sie gemeinsam? Welche Gedanken, Muster, Kontakte liegen ihnen zugrunde? Gibt es Überschriften?

Welche hinderlichen Überzeugungen gibt es (beispielhafte hinderliche Überzeugungen findest Du auf den nächsten Seiten)? Was haben sie gemeinsam? Welche Gedanken, Muster, Kontakte liegen ihnen zugrunde? Gibt es Überschriften?

Beispiele von Überzeugungen

Im Folgenden sind für unterschiedliche Themen im Leben beispielhafte Überzeugungen bzw. Glaubenssätze (förderliche und hinderliche) aufgeführt. Kreuze die Überzeugungen an, die Dir bekannt vorkommen und die auf Dich zutreffen. Ergänze die Liste gegebenenfalls um Glaubenssätze, die hier nicht aufgeführt sind. Möglicherweise wirst Du Sätze erkennen, die Du auch schon in der vorherigen Übung notiert hast.

Hier einige beispielhafte Überzeugungen zu bestimmten Lebensthemen:

Beispielhafte Überzeugungen zum Thema `Geld´

o   Geld macht auch nicht glücklich.

o   Geld findet man (nicht) auf der Straße.

o   Nichts ist umsonst.

o   Reich wird man nicht auf ehrliche Art.

o   Ich werde immer genug Geld haben.

o   Mit Geld will ich nichts zu tun haben.

o   Geld verdirbt den Charakter.

o   Geld macht mich unabhängig.

o   Geld beruhigt.

Weitere:

Beispielhafte Überzeugungen zum Thema `Arbeit, Berufung´

o   Ich arbeite nur, um Geld zu verdienen.

o   Nur in meiner Arbeit finde ich wirklich Sinn.

o   Nur durch harte Arbeit kann man etwas erreichen.

o   Zuerst die Arbeit, dann das Vergnügen.

o   Ohne Fleiß kein Preis.

o   Arbeit macht krank.

o   Arbeiten muss jeder, Berufung finden nur wenige.

o Von nichts kommt nichts.

o Arbeit ohne Spaß macht krank.

Weitere:

Beispielhafte Überzeugungen zum Thema `Möglichkeiten/Grenzen´

o Meine Grenzen kann ich eh nicht überwinden.

o Meine Möglichkeiten sind unendlich.

o Alles ist möglich.

o Ich habe Angst, Grenzen zu überschreiten.

o Jede Grenze ist für mich eine Herausforderung.

o Grenzen sind da, damit man sie einhält.

o Grenzen existieren nur in unseren Köpfen.

o Möglichkeiten und Grenzen sind von Gott gegeben.

o Die Menschen machen ihre Grenzen selbst.

o Ich lebe weit unter meinen Möglichkeiten.

Weitere:

Überzeugungen zum Thema `Selbstwert´

o Ich bin dumm.

o Eigenlob stinkt.

o Denk nicht immer nur an Dich.

o Ich genüge nicht.

o Alles, was ich mir vornehme, schaffe ich auch.

o Ich bin stark.

o Ich bin nicht kompetent.

o Ich bin wichtig.

o Ich bin zu nichts zu gebrauchen.

o Ich bin nicht wichtig.

o Das schaffe ich nicht.

Weitere:

Welche Überzeugungen möchtest Du verändern, weil sie Dich in Deinem Leben behindern/weil sie Dir nicht gut tun?

Welche Deiner Überzeugungen möchtest Du als Erstes verändern? Entscheide Dich für eine, die Du im Folgenden exemplarisch näher analysieren möchtest.

Meine Überzeugung, die ich als Erstes verändern möchte:

Analyse der einschränkenden Überzeugung

Beantworte nun für die Überzeugung, die Du als Erstes verändern möchtest, die folgenden Fragen. Diese Übung wird wahrscheinlich mehr Zeit in Anspruch nehmen, da Du mit der Auseinandersetzung Deiner Überzeugung auch ein Stück weit Biografiearbeit betreibst. Dabei müssen nicht alle Fragen auf einmal beantwortet werden. Lasse Dir Zeit zum Nachdenken. Dabei wünsche ich Dir viele Erkenntnisse und Klarheit.

Historie:

Woher kenne ich die Überzeugung? Wer hat mir das gesagt? Wann ist diese Überzeugung zum ersten Mal aufgetreten?

Wann habe ich diese Überzeugung zum letzten Mal hinterfragt?

Bedeutung: Was bedeutet diese Überzeugung für mich? Woher weiß ich, dass sie stimmt?

Vorteile: Was könnten Vorzüge dieser Überzeugung sein? Was wird dadurch erreicht/sichergestellt? In welchen Situationen ist sie sinnvoll bzw. wann hat sie sich bewährt? Was vermeide ich damit?

Nachteile: Was ist der Nachteil dieser Überzeugung? Was verpasse/verliere ich dadurch? Welchen Preis zahle ich dafür?

Was wäre, wenn …: Was würde ich jetzt glauben, wenn ich alles noch einmal durchdenken müsste? Was wäre aus heutiger Sicht die Konsequenz für mich gewesen, wenn ich dieser Überzeugung nicht gefolgt wäre? Welche Überzeugung würde ich stattdessen vertreten? Wo würde ich dann jetzt im Leben stehen? Was würde ich tun? Was könnte ich? Wer wäre ich dann jetzt?

Die Anderen: Was hat diese Überzeugung in meinem Umfeld bewirkt? Wer profitiert davon, wer leidet darunter?

Weitere Überzeugungen: Welche weiteren Überzeugungen habe ich, die mit dieser zusammenhängen könnten?

Positive Formulierung/Gegenpol: Was wäre der Gegenpol zu meiner jetzigen Überzeugung? Wie könnten positive Formulierungen dieser Überzeugung lauten?

Die Zukunft: Welche Überzeugung will ich künftig? Welche positiven Auswirkungen hat diese dann auf mein Leben? Was wird dadurch anders sein als bisher? Wie werden andere auf diese Änderung reagieren? Welchen Preis werde ich zahlen, wenn ich bei der meiner alten Überzeugung bleibe?

Um den Unterschied im Erleben zwischen Deiner alten und Deiner neuen Überzeugung erfahrbar zu machen, führe die Übung `Zwei-Filme-Technik´ auf der nächsten Seite durch.

Übung: Zwei-Filme-Technik

Wenn Du diese Übung als Mentalreise machen möchtest, höre Dir die Audiodatei `Zwei-Filme-Technik´ an.

Stell Dir vor, Dein Leben ist ein Film und Du bist der Hauptdarsteller.

1. Im **Film A** spielst Du Dich und Dein Leben mit Deiner **alten Überzeugung**. Wie laufen übliche Situationen ab? Was tust Du? Was sagst Du? Wie ist Deine Stimme, Mimik, Gestik, Körperhaltung? Wie bewegst Du Dich? Wie verhält sich Deine Umwelt?

2. Im **Film B** spielst Du anschließend Dich und Dein Leben mit Deiner **neuen Überzeugung.** Wie laufen übliche Situationen ab? Was tust Du? Was sagst Du? Wie ist Deine Stimme, Mimik, Gestik, Körperhaltung? Wie bewegst Du Dich? Wie verhält sich Deine Umwelt?

3. Spiele nun abschließend den **Filmkritiker** und **vergleiche die Inhalte beider Filme**. Stelle Dir vor, der erste Film wäre eine Fälschung gewesen und der zweite das Original. Wodurch unterscheidet sich das Original von der Fälschung? Welche Unterschiede gibt es ...

   o   im Ablauf der Situationen?

   o   in Deinen Worten, Deinem Handeln?

   o   in Deiner Stimme, Mimik, Gestik, Körperhaltung und Deinen Bewegungen?

   o   in Deinen emotionalen und körperlichen Empfindungen?

   o   im Verhalten Deiner Umwelt?

Veränderung der einschränkenden Überzeugung

Alte Überzeugung wertschätzen und verabschieden: Bedanke Dich bei Deiner alten Überzeugung, denn sie hat Dich dahin gebracht, wo Du heute stehst. Dann verabschiede Dich feierlich von ihr.

Neue Überzeugung ermitteln und formulieren: Neue Sätze und Überzeugungen sollen immer mehr die gewohnten inneren Dialoge ersetzen. Damit dies gelingt, müssen sie eine Bedeutung bekommen, sie brauchen emotionalen Nachhall. Orientiere Dich bei der Formulierung Deiner neuen Überzeugung an folgenden Kriterien:

- o einfach, einprägsam und konkret
- o beschreibt, was Du willst, anstatt das, was Du nicht willst
- o ist in der Gegenwart formuliert
- o löst ein inneres Kopfnicken aus
- o überzeugt Dich
- o lässt bei Dir gute Bilder zur Bewältigung der Herausforderung entstehen

Glaubhaftigkeitscheck: Kannst Du Deine neue Überzeugung wirklich glauben? Falls nein: Wie kannst Du sie so verändern, dass sie alle Einwände integriert? Unter welchen Bedingungen bist Du bereit, Deine neue Überzeugung in Deinem Verhalten umzusetzen?

Ökocheck: Welchen Preis musst Du für die neue Überzeugung zahlen? Bist Du bereit dafür?

Mit allen Sinnen: Was denkst und fühlst Du, wenn Du an Deine neue Formulierung denkst?

Blick in die Zukunft: Wie wird es sein, in einer Woche, einem Jahr mit dieser neuen

Überzeugung gelebt zu haben? Siehe, höre, fühle, was es dort in der Zukunft mit der neuen Überzeugung wahrzunehmen gibt.

Meine Konsequenzen

Was hat Dich verblüfft?

Welche Konsequenzen ziehst Du aus diesem Kapitel? Welche Veränderungspotenziale gibt es? Welches sind die drei wichtigsten?

Was kannst Du in nächsten 76 Stunden schon dafür tun, diese Konsequenzen umzusetzen?

Hinweise zur Umsetzung

Aufschreiben: Schreibe Deine neue Überzeugung auf und lege sie an einen Platz, wo Du täglich daran erinnert wirst.

Vorlesen: Lese Deinen neuen Satz ab jetzt – soweit es Dir möglich ist – in den nächsten Wochen drei Mal täglich laut vor dem Spiegel vor. Nimm dazu eine angemessene Körperhaltung ein, atme dabei gut und tief und spreche mit einer ruhigen Stimme.

Vorbereiten: Überlege morgens, welche Herausforderungen, welche Stressoren am Tag auf Dich zukommen könnten und lege innerlich Deine neue Überzeugung bereit. Sprich diese gelegentlich vor Dich hin.

Bilanz ziehen: Ziehe abends eine Bilanz und reflektiere, in welchen Situationen es Dir zumindest ansatzweise gelungen ist, Deine neue Überzeugung zu leben. Welche Situationen brauchen noch mehr Training? Nimm auch die kleinen Unterschiede und Verbesserungen war.

Wenn es ernst wird: In Stresssituation, wenn die gewohnten alten Sätze durch den Kopf schießen:

- o Vereinbare ein Stopp-Signal mit Dir selbst (z. B. Fingerschnipsen, Ausatmen etc.).
- o Lass den neuen Satz innerlich erklingen.
- o Beobachte Deine Reaktion auf den neuen Satz.
- o Unterstütze den neuen Satz mit passender Körperhaltung.

Führe ein Erfolgs- und Erkenntnisjournal: Lege ein Erfolgs- und Erkenntnisjournal an, in dem Du Deine Erkenntnisse und Erfahrungen, die Du auf Deinem Weg machst, niederschreiben kannst. Das stärkt Deine Motivation und Dein `inneres Immunsystem´, besonders in Zeiten, in denen Du mal `durchhängst´.

Nach diesem Prinzip kannst Du bei allen weiteren Überzeugungen vorgehen, die Du verändern möchtest.

Tipps zur Handhabung von Überzeugungen

o **Erkannt ist halb gebannt:** Mache Dir Deine inneren Dialoge bewusst. Sie führen Dich zu Deinen Überzeugungen. Sind sie erst einmal im Bewusstsein, können sie auch hinterfragt werden.

o **Notfallhandlung - Gedankenstopp:** Wenn Du merkst, dass Dich Deine mentalen Quälgeister nicht in Ruhe lassen, drücke die mentale Stopptaste. Hole tief Luft und sage innerlich oder auch laut `STOP´. Das kann den Grübel-Kreislauf fürs erste schon einmal Einhalt gebieten.

o **Gebe dem Kind einen Namen:** Manche `Gedankenquälgeister´, die einem das Leben schwer machen, in dem sie uns immer wieder irgendwelchen Unsinn einflüstern, verlieren ihren Schrecken, wenn man ihnen einen Namen gibt. Damit rücken wir sie ins Visier, so dass sie nicht aus dem Hintergrund heraus ihr Unwesen mit uns treiben können. Beispielsweise immer dann, wenn Du etwas Neues ausprobieren möchtest, will Dir Dein Gedankenquälgeist weismachen, `Das klappt ja sowieso nicht´, weil Du zu jung, zu alt, zu doof oder sonst was bist. Gebe ihm einen Namen, um ihn zur Ruhe zu rufen, z.B. `Quäli´, `Quasselkopf´, `Karl´, `Irmgard´ oder ähnliches. Spricht ihn oder sie einfach so an, als würdest Du mit einem alten Bekannten sprechen.

o **Verallgemeinerungen auf der Spur:** Du kennst es bestimmt. Immer, wenn Wörter, wie `immer´, `nie´, `nichts´, `alle´, `keiner´ oder `jeder´ im Spiel ist, handelt es sich meist um unliebsame Glaubenssätze. Frage Dich hier:
    o Stimmt das wirklich? (immer, nie, keiner, jeder, alle…)
    o Welche Belege gibt es?
    o Gibt es Gegenbeispiele?

o **Analyse und Aktualitätscheck:** Hinterfrage Deine Überzeugungen. Woher kommen sie? Von wem kommen sie? Wann treten sie auf? Sind sie noch aktuell? Gehe die Fragen aus dieser Lektion durch.

Mein `Inneres Team´

Sehr spannend ist das Arbeiten mit dem `Inneren Team´. Das Innere Team ist ein Persönlichkeitsmodell des Hamburger Psychologen Friedemann Schulz von Thun. Hier wird die Reichhaltigkeit des Innenlebens mit der Metapher eines Teams und dessen Leiter gleichgesetzt. Die Arbeit mit diesem Modell erlaubt Dir, eigene Anteile mit Distanz zu betrachten, um beispielsweise in schwierigen Lebenssituationen Klarheit zu erhalten.

Sowohl Deine inneren Antreiber als auch Deine Überzeugungen, die Du in den vorherigen Übungsabschnitten kennengelernt hast, lassen sich durch Teammitglieder visualisieren.

Stell Dir einfach vor, dass Deine Person von unterschiedlichen inneren Anteilen organisiert wird, mit jeweils speziellen Aufgaben und Funktionen. Leider arbeiten die einzelnen Mitglieder nicht immer zusammen und zu Deinem Besten, sondern bekämpfen sich sogar gegenseitig. Dabei gibt es welche, die besonders laut sind und ständig ihren `Senf´ dazu geben müssen, während sich andere leise und still im Hintergrund halten. Es gibt Teammitglieder, die hauptsächlich emotionsgesteuert agieren, während andere vorwiegend aus dem Verstand heraus handeln. So kann es beispielsweise den `Kreativen´ geben, der Dir lauter `lustige´ Ideen einflößt, die

aber von Deinem `Sicherheitsberater´ in Grund und Boden gestampft werden. Schließlich will er Dich vor allen Unsicherheiten und Risiken im Leben bewahren. Der `Träumer´ in Dir wird immer wieder gerne vom `Realisten´ auf den `Teppich der Tatsachen´ zurückholt. Dein `Zeitmanager´ treibt Dich immer wieder zu Eile an und Dein `Qualitätsmanager´ achtet darauf, dass alles richtig und perfekt abläuft. Das Kind in Dir bringt alles gerne wieder durcheinander und sorgt gemeinsam mit dem `Humorbeauftragten´ dafür, dass Spiel und Spaß nicht zu kurz kommen.

Die Frage ist, aus welchen Mitgliedern Dein Team besteht und wer sich in welchen Situationen wie zu Wort meldet. Manche sind neu im Team, andere wiederum schon lange dabei, vielleicht sogar seit Deiner Kindheit. Möglicherweise haben einige inzwischen ihren Dienst getan und dürfen jetzt in Rente gehen. Vielleicht möchtest Du aber auch neue Mitarbeiter in Dein Team holen, damit sie Aufgaben erledigen, für die es bis jetzt noch niemanden gibt.

Darstellung des Inneren Teams

Skizziere nun Dein Inneres Team. Welche Mitglieder gibt es? Wie dominant sind sie? Wie verhalten sie sich? Wie stehen sie zueinander? Wer leitet das Team? Alternativ kannst Du Dein Team auch durch Playmobilfiguren (falls vorhanden) oder auch Steine darstellen. Vielleicht bist Du aber auch eher der Tabellentyp. Dann habe ich für Dich auf der übernächsten Seite eine Tabelle erstellt, in die Du Deine Notizen eintragen kannst. Die vertiefenden Fragen auf den darauffolgenden Seiten werden Dir zu weiteren Einsichten verhelfen.

Mein Team

ENERGIZE YOUR LIFE

Teammitglied	Funktion	Bedürfnisse	Charakter	Besonders in folgenden Situationen aktiv	Koalitionen und Konflikte	Gefühle/ Gedanken/ Handlungen

Teamanalyse

Analyse der einzelnen Teammitglieder

Welche Teammitglieder gibt es? Haben sie einen Namen?

Welche Funktion hat jedes Teammitglied?

In welchen Situationen werden einzelne Teammitglieder aktiv? Was tun sie dann?

Welche Bedürfnisse hat jedes Teammitglied?

Welche Gefühle und Handlungen begleiten die Teammitglieder?

Beziehungen der Teammitglieder untereinander

Wie stehen die einzelnen Teammitglieder zueinander?

Wer leitet dieses Team?

Arbeitet Dein Team als Team zusammen?

Wo gibt es Koalitionen und Konflikte? Gibt es Koalitionen, die in bestimmten Situationen helfen, in anderen aber eher behindern?

Gibt es ein Ziel, an dem sich das ganze Team ausrichten kann?

Versöhnungsarbeit mit einzelnen Teammitgliedern

Nun geht es darum, innere Anteile bzw. Teammitglieder bewusst wahrzunehmen und emotional zu integrieren und/oder zu akzeptieren. Suche Dir dazu ein Teammitglied aus, mit dem Du besonders große Schwierigkeiten hast oder dass Du stärker einbinden möchtest. Stelle ihr oder ihm folgende Fragen:

Was ist Deine positive Absicht?

Was ist Dein Bedürfnis? Was behindert dich? Was brauchst Du?

Was ist Dein Wunsch an die anderen Mitglieder?

Was wäre für Dich das Schönste?

Was bist Du bereit zu geben?

Welche unterstützenden Ressourcen wären wünschenswert? Woher kannst Du sie bekommen?

Gibt es Einwände von anderen Teammitgliedern?

Unter welchen Bedingungen sind die anderen Teammitglieder bereit zu kooperieren?

Wenn ein Teil zu hart arbeitet:

Was befürchtest Du, wenn Du nicht so hart arbeiten würdest? Was würde geschehen, wenn Du aufhörst zu tun, was Du tust?

Wenn es andere Möglichkeiten gäbe, um die Situation zu meistern, wärst Du bereit, diese in Betracht zu ziehen?

Gibt es etwas, was Du brauchst, um das tun zu können?

Wie wäre es für Dich, wenn Du nun in Rente oder Urlaub gehen würdest?

Meine Konsequenzen

Was hat Dich verblüfft?

Welche Konsequenzen ziehst Du aus diesem Kapitel? Welche Veränderungspotenziale gibt es? Welches sind die drei wichtigsten?

Was kannst Du in nächsten 76 Stunden schon dafür tun, diese Konsequenzen umzusetzen?

Zusammenfassende Tipps zur `Mentalhygiene´

Ich die Tipps zur Mentalhygiene in drei grobe Unterpunkte unterteilt:

1. **Sensibilisierung**
2. **Positives Grundrauschen erzeugen**
3. **Umlenken**

Sensibilisierung

Erkenne den Fokus Deiner Wahrnehmung: Achte, worauf Du tagtäglich Deine Wahrnehmung richtest. Ist der Fokus eher hinderlich oder förderlich? Siehst Du hauptsächlich Gefahren und Probleme oder eher Chancen und Lösungen? So wie wir unsere Gedanken verändern können, können wir uns auch dazu entscheiden, ab und zu die Blickrichtung zu ändern und unsere Perspektive zu wechseln. Wir haben die Wahl. Voraussetzung dafür ist es, den eigenen Wahrnehmungsfokus zu erkennen und den Willen, diesen gegebenenfalls zu verändern. Außerdem: Übung, Übung, Übung.

Hole Dir Deine Gedanken ins Bewusstsein: Wir können nur etwas verändern, was uns bewusst ist. Werfe Licht auf Deinen `Gedankenhaushalt´. Aber unterdrücke Deine Gedanken nicht, sondern akzeptiere und beobachte sie. Folgende Fragen können dabei hilfreich sein: Welchen Charakter haben die Gedanken? Welche Auslöser gibt es? Gibt es ein grundsätzliches Muster? Zeigt sich dieses Muster nur in bestimmten Situationen oder ist es situationsunabhängig? Woran könnte es liegen? Achte einfach auf Deine Gedanken – denn sie könnten Realität werden: Dazu drei

Sprüche von historischen Persönlichkeiten:

„Achte auf deine Gedanken, denn sie werden Worte.
Achte auf deine Worte, denn sie werden Handlungen
Achte auf deine Handlungen, denn sie werden Gewohnheiten.
Achte auf deine Gewohnheiten, denn sie werden dein Charakter,
Achte auf deinen Charakter, denn er wird dein Schicksal."
(Talmud)

„Das Glück Deines Lebens hängt von der
Beschaffenheit Deiner Gedanken ab."
(Marc Aurel)

„Dein Denken kann aus der Hölle einen Himmel,
und aus dem Himmel eine Hölle machen."
(John Milton)

Wähle Deine Worte mit Bedacht: Zu Gedanken gehören auch Worte. Ausgesprochen oder unausgesprochen können als Stressverstärker oder als Stressentschärfer wirken.

Du kennst das vielleicht, wenn Du Dich `in Rage redest´ oder den `Teufel an die Wand malst´. Das macht etwas mit Dir bzw. Deinem Gehirn. Es schüttet nämlich Stresshormone aus und verändert auf Dauer seine Struktur. Stressverstärkende Worte und die damit zuhängenden Emotionen tragen dazu bei, dass der Mandelkern - der Teil des Gehirns, der für Alarm- und Angstempfinden zuständig ist – mit der Zeit immer größer wird und immer schneller auf Stress und Angst auslösende Situationen reagiert. Der Hippocampus, der für die Aufnahme neuer Informationen und das Lernen zuständig ist, verkleinert sich hingegen. Das heißt, reflexhafte Handlungen und Routinen nehmen zu, logisches Denken, Neugier und Kreativität nehmen ab.

Lausche Deinem inneren Dialog: Aus den Worten formt sich auch ein innerer Dialog. Dieser läuft den ganzen Tag ab – nur merken wir es meist nicht. Der erste Schritt besteht darin, diesen Dialog zu lauschen. Was und wie reden wir mit uns? Würdest Du so mit Deiner besten Freundin oder Deinem besten Freund reden? Schreibe den Dialog einmal auf. Ist er abwertend oder wertschätzend? Gibt es Unterschiede je nach Situation? Formuliere ihn gegebenenfalls so um, dass Du nett zu Dir bist.

Beobachte Deine Gefühle und Deine Reaktionen: Wenn Du Deinen Aufmerksamkeitsfokus erkannt, Deine Gedanken ins Bewusstsein geholt und Deinem inneren Dialog gelauscht hast, beobachte Deine Gefühle und die Reaktionen, die daraufhin ausgelöst werden, sowie die Konsequenzen, die sich daraus ergeben. Was fühlst Du, wenn Dir gerade wieder ein Gedanke durch den Kopf `huscht´? Oder wenn Du einen bestimmten Dialog mit Dir führst und Du Deine Aufmerksamkeit auf erfreuliche oder auch unerfreuliche Dinge richtest? Was fühlst Du und wie reagierst Du dann? Wie reagiert Dein Umfeld?

Erkenne Deine inneren Teammitglieder: Welche Mitglieder gibt es in Deinem Team? In welchen Situationen melden sich welche davon zu Wort? Schenke ihnen Deine Aufmerksamkeit, indem Du mit ihnen in einen inneren Dialog eintrittst. Versuche herauszufinden, was die Einzelnen gerade brauchen und aktiv sein lässt. Vielleicht lächelst Du ihnen auch einfach zu und erkennst sie voller Mitgefühl an: „Hallo Sorge, ich merke, dass Du heute aktiv bist. Was brauchst Du jetzt?"

Positives Grundrauschen erzeugen

Stellst Du in Deinen Beobachtungen fest, dass Deine Gedanken förderlicher Natur sind, ist alles gut. Sind sie aber eher hinderlich und arbeiten gegen Dich, ist es an der Zeit etwas zu unternehmen und umzulenken. Dazu ist es hilfreich, zunächst für ein positives `Grundrauschen´ zu sorgen:

Wähle Deine Eindrücke und Einflüsse bewusst aus: Unser Erleben hängt zum großen Teil davon ab, welchen Eindrücken und Einflüssen wir uns tagtäglich aussetzen. Zum Glück können wir vieles davon selbst bestimmen. Wir müssen nicht jeden Film anschauen. Wir müssen nicht morgens direkt nach dem Aufstehen das Radio oder den Fernseher einschalten, um uns von den Horrornachrichten dieser Welt berieseln zu lassen. Wir können den Kontakt mit Menschen, die uns nicht guttun, reduzieren oder ganz vermeiden. Wem oder was gewähren wir Einlass und wer oder was muss draußen bleiben? Das ist die entscheidende Frage. Wenigstens in den Situationen, in denen wir die Wahl haben, sollten wir diese auch bewusst treffen. Denn unser Gehirn reagiert auf alle Eindrücke und Einflüsse mit einer Hormonausschüttung, die sich auf unseren physischen und psychischen Organismus auswirkt.

Nutze die Kraft der Dankbarkeit: Viele Dinge im Leben nehmen wir als selbstverständlich hin und denken nicht weiter darüber nach: Gesundheit, Verstand, Sicherheit, ein Dach über dem Kopf, fließend sauberes Wasser aus der Leitung, Essen, Freunde, Partner oder Kinder (falls vorhanden) ... Vieles davon wird uns leider erst schmerzlich bewusst, wenn es erst einmal nicht mehr da ist. Werden wir krank, lernen wir unsere Gesundheit zu schätzen. Verlieren wir durch einen Brand unser Haus, wissen wir, wieviel es Wert ist, ein Dach über dem Kopf zu haben. Leiden wir Hunger, wird uns klar, wie wertvoll es ist, satt zu sein. Es muss aber nicht so weit kommen. Wir können uns auch vorher schon bewusst machen, wie reich wir sind, wieviel Fülle uns umgibt. Das hebt unsere Stimmung erheblich. Um diese Kraft der Dankbarkeit zu nutzen, fertige eine Dankbarkeitsliste an. Führe hier einfach alles auf, was Dir einfällt – auch die Selbstverständlichkeiten. Lese Dir die Liste immer wieder durch, vielleicht morgens, um Dich positiv auf den Tag einzustimmen, abends, um Dich positiv auf Deinen Schlaf einzustimmen oder wenn Du niedergeschlagen und

deprimiert bist, um Deine Stimmung zu heben.

Schwelge in Erinnerungen: Auch das lebhafte Eintauchen in schöne Erinnerungen lösen die dazugehörigen Gefühle in uns aus. Das kann Dein letzter Urlaub, das nette Abendessen mit einer Freundin, die Erinnerung an Deine erste Liebe oder auch eine lustige Begebenheit in Deiner Kindheit sein. Begebe Dich mental in die Situation so hinein, als wäre es jetzt. Wann, wo war es? Was siehst du, hörst du? Was riechst Du? Was hast du getan? Wie hast du es getan? Wie hat es sich angefühlt? Gehe noch intensiver hinein in die Situation, in Dein Erleben, in dieses Gefühl! Immer wenn Du Dir das Erlebnis ins Gedächtnis rufst, werden die neuronalen Strukturen, die für mehr Freude und Zufriedenheit sorgen, gestärkt....

Im JETZT liegt die Kraft: Es geht auch darum, die netten und schönen Kleinigkeiten im Alltag wahrzunehmen und wertzuschätzen, wie beispielsweise die heiße Dusche am Morgen, der Kaffee am Mittag, das Treffen mit einer Freundin am Abend und das kuschelige Einmummeln unter der warmen Bettdecke in einer kalten Winternacht. Das Kompliment eines Kollegen, das Lächeln eines Fremden oder auch die wärmenden Sonnenstrahlen sind Kleinigkeiten, die das JETZT erhellen und die Glückshormone tanzen lassen – sofern wir sie bemerken und ihnen unsere Aufmerksamkeit schenken. Widmen wir diesen freudigen Momenten im Alltag mindestens 15 Sekunden unserer ungeteilten Aufmerksamkeit, werden mit der Zeit neue Vernetzungen in unserer Gehirnstruktur gebildet und vertieft.

Tu anderen etwas Gutes: Wenn Du etwas für andere tust, machst Du nicht nur dem anderen eine Freude, sondern Dir selbst auch. Schon ein kleines Lächeln kann diesen Prozess in Gang setzen. Studien haben ergeben, dass wenn wir etwas für andere tun, wir eine große Menge an Dopamin und Endorphine ausschütten, so dass unser Glückshormonhaushalt aufgefüllt wird. Unser Selbstwertgefühl steigt, da wir merken, dass wir etwas bewegen können. Wenn die alte Dame mit unserer Hilfe über die Straße kommt und uns glücklich und dankbar anlächelt, geht unser Herz auf. Wir bekommen Dankbarkeit und Anerkennung. Wir sind füreinander da. Damit wird auch unser Gefühl von Verbundenheit und Zusammengehörigkeit gestärkt.

Umlenken

Ändere Deine Perspektive: Natürlich bekommen wir unsere Gedanken nicht immer bewusst mit. Aber wir können uns dazu entscheiden, ab und zu die Blickrichtung zu ändern und unsere Perspektive zu wechseln. Wir haben die Wahl, das Glas als halb voll oder als halb leer zu betrachten. Wir können Chancen sehen, bevor wir uns den Risiken zuwenden. Wir können uns auf das konzentrieren, was geht, anstatt auf das, was nicht geht. Wir haben die Wahl. Voraussetzung dafür ist, das Bewusstsein für die eigene Sichtweise zu haben sowie Verantwortung für das eigene Denken und Handeln zu übernehmen. Dazu passt ganz gut der nächste Punkt:

Denke konstruktiv: Im Gegensatz zum positiven Denken, bei dem wir eine Veränderung der Umstände anderen überlassen, nehmen wir beim konstruktiven Denken die Veränderungen selbst in die Hand. Wir fragen uns `Was kann ich tun´? Diese Frage fokussiert auf das, was WIR verändern können, und aktiviert UNSERE Energie, um auf ein Ziel hinzuarbeiten. Wir drehen an den Schrauben, an denen wir drehen können. Beim konstruktiven Denken betrachten wir eine Situation von allen Seiten. Neben dem, was nicht so erfreulich ist, sehen wir aber auch Chancen, Herausforderungen und einen tieferen Sinn. Darüber hinaus holen wir uns unsere eigenen Fähigkeiten und Erfolge ins Bewusstsein und vertrauen auf sie. Genauso sehen und akzeptieren wir auch unsere Grenzen.

Annehmen, was ist: Nicht alles, was wir uns wünschen, lässt sich realisieren. Nicht jeder Umstand – und sei er noch so unangenehm – lässt sich ändern. Auch mit der größten Anstrengung kann ich mich gegen den Wind stemmen. Er wird trotzdem weiter wehen. Wenn wir gegen unveränderliche Begebenheiten ankämpfen, kostet uns das Unmengen an Kraft und Energie. Denn Druck erzeugt bekanntlich Gegendruck. Es gibt immer wieder Begebenheiten, die nur schwer zu ertragen sind. Aber wenn sie unabänderlich sind, kann es sehr erleichternd sein, sie hinzunehmen und das Beste daraus zu machen. Manchmal lösen sich Dinge auch durch `Wuwei´ auf. Der Begriff `Wuwei´ stammt aus dem Taoismus und wird als Nichthandeln im

Sinne von `Enthaltung eines gegen die Natur gerichteten Handelns´ definiert. Hier kann es dann ab und zu heißen: Füße stillhalten und abwarten. Auf folgendes Zitat möchte ich dabei hinweisen:

`Gott, gib mir die Gelassenheit, Dinge hinzunehmen, die ich nicht ändern kann, den Mut, Dinge zu ändern, die ich ändern kann, und die Weisheit, das eine vom anderen zu unterscheiden. ´
(Reinhold Niebuhr)

Trainiere neue Denk- und Handlungsmuster: Neue Denk- und Handlungsmuster müssen jeden Tag aufs Neue trainiert werden. Nur durch ständige Wiederholung können neue synaptische Verschaltungen im Gehirn gebildet werden. Vernachlässigen wir alte, nicht mehr gewünschte Gewohnheiten, benutzen wir das dazugehörige Neuronennetz immer weniger, sodass es sich irgendwann auflöst, wie bei einer wenig genutzten Straße, über die irgendwann Gras wächst. Gehen wir einen Trampelpfad immer wieder, wird er zum Weg, zur Straße und vielleicht irgendwann zur Autobahn. Bis der neue Weg da ist bzw. sich die neuen Verschaltungen gebildet haben, braucht es etwa drei bis vier Wochen. Im Prinzip ist es mit unseren Gewohnheiten sowie mit unseren Muskeln: Trainieren wir sie regelmäßig, wachsen sie. Werden sie nicht benutzt, schrumpfen sie, ganz nach dem Gesetz der biologischen Wirtschaftlichkeit: *Was nicht gefordert wird, fliegt raus.* Der folgende Punkt kann uns in der Umsetzung neuer Denk- und Handlungsmuster unterstützen:

Übe Dich in konstruktiven Selbstgesprächen: Der innere Dialog wirkt entscheidend dabei mit, wie schnell wir neue Denk- und Handlungsmuster verwirklichen. Sobald Du Deinem inneren Dialog lauschst und merkst, Deine Selbstgespräche sind eher abwertender Natur, schreibe sie auf und formuliere sie wertschätzend um. Dabei geht es nicht darum, sich ständig zu sagen, dass man toll ist. Es geht auch nicht darum, krampfhaft positiv zu denken. Wenn es einem nicht gut geht, darf man auch mal meckern, um Druck abzulassen. Aber danach sollte das Gespräch wieder in eine konstruktive Richtung gehen, beispielsweise: `Wie gehe ich jetzt am besten damit um? ´, `Wie kann ich jetzt trotzdem Frieden mit mir schließen? ´ oder `Was

kann ich jetzt tun, damit es mir gut geht? ´. Sprich einfach achtsam, liebevoll und respektvoll mit Dir. Du darfst auch nachsichtig mit Dir sein. Sprich mit Dir so, wie Du auch mit Deiner besten Freundin sprechen würdest. Sei einfach freundlich zu Dir, führe Deine Selbstgespräche konstruktiv – nicht destruktiv. Der folgende Punkt kann Dich dabei unterstützen:

Aktiviere Deinen `inneren Humorbeauftragten´: Humor ist nicht nur gesund, sondern macht auch schlau. Lachen vitalisiert Körper und Seele. Im Gehirn werden während des Lachens die Glückshormone Endorphin und Serotonin produziert und die Ausschüttung des Stresshormons Adrenalin unterdrückt. Und hier liegt die Chance: Wenn Du der einen oder anderen Herausforderung des Lebens mit Humor statt mit Angst und <u>Stress</u> begegnest, entspannt das Dein limbisches System. Bei Angst schaltet es auf Angriff, Flucht oder erstarrt. Unser lösungsorientiertes Großhirn sagt sich dann: „Da halte ich mich lieber raus." Unser Denken schaltet sich ab. Kommt aber Humor ins Spiel, entspannt sich unser limbisches System und das Großhirn wird wieder aktiv. Verkürzt gesagt: `Angst macht dumm, Humor macht schlau. ´

Hilfreiche Fragen für förderliche Gedanken

Realitätstestung und Konkretisieren

o   Ist es wirklich so?

o   Welche Tatsachen sprechen für meine Sichtweise?

o   Gibt es andere mögliche Erklärungen?

o   Wie sehen die anderen beteiligten Personen die Sache? Wie fühlen sie sich?

o   Wie sehen andere (neutrale, unabhängige, erfahrene) Personen die Sache?

o   Was genau ist passiert? Was ist im Einzelnen geschehen oder gesagt worden?

o   Ist das immer so? Welche Ausnahmen gibt es?

Blick auf das Positive, auf Chancen und Sinn

o   Was ist das Gute an dieser Situation?

o   Wozu ist das gut?

o   Wo liegen Chancen?

o   Was kann ich in dieser Situation lernen?

o   Welche Aufgabe habe ich in dieser Situation?

o   Welchen Sinn finde ich in dieser Situation?

Orientieren an eigenen Stärken und Erfolgen

o   Welche schwierigen Situationen in meinem Leben habe ich bereits gemeistert?

o   Wie habe ich das geschafft?

o   Welche Stärken und Tugenden habe ich dabei unter Beweis gestellt?

o   Worauf bin ich stolz?

o   Was gibt mir heute Mut und Sicherheit?

o   Worauf kann ich mich verlassen?

Relativeren – Distanzieren

o Wie wird es sein, wenn ich die Anforderung erfolgreich bewältigt habe? Wie werde ich mich dann fühlen?

o Was könnte schlimmstenfalls geschehen? Wie schlimm wäre das wirklich? Wie wahrscheinlich ist das?

o Wie sehen andere (neutrale, unabhängige, erfahrene) Personen die Sache?

o Wie werde ich später, in einem Monat oder in einem Jahr darüber denken?

o Was ist das Gute an dieser Situation?

o Was kann ich in dieser Situation lernen?

o Was gibt mir heute Mut und Sicherheit?

o Worauf kann ich mich verlassen?

Techniken aus dem Mentaltraining

Ursprünglich wurde das Mentaltraining im Sport eingesetzt. Neben dem körperlichen Training werden Bewegungsabläufe durch wiederholte Vorstellung mental eingeübt. Dementsprechend wird das Mentaltraining von Spitzensportlern als eine Methode zur psychologischen Vorbereitung auf Wettkämpfe eingesetzt. ´Gewonnen oder verloren wird zwischen den Ohren´ – dieser Spruch stammt vom Wimbledon-Sieger Boris Becker. Erst, wenn wir im Kopf aufgeben, hören auch die Beine auf zu laufen. Im Mentaltraining werden Entspannungsmethoden mit visuellen, auditiven, olfaktorischen, emotionalen und/oder haptischen Vorstellungen verbunden.

Diese Methoden werden nicht nur im Sport eingesetzt, sondern auch im Alltag, um Ziele zu erreichen oder Verhalten mental einzuüben. Hier einige Übungen zur mentalen Entspannung und zum mentalen Aufbau:

Filmveränderung	• Stell Dir vor, Du sitzt in Deinem Wohnzimmer und schaust auf einen kleinen Fernseher, der auf dem Boden in einer Ecke steht. Es läuft ein Schwarz-Weiß-Film über die Situation, die Dir gerade Stress bereitet. • Nun veränderst Du diesen Film z. B. durch die Unterlegung mit lustiger Musik, Veränderung der Leinwandgröße und Einfärbung der Bilder. So gewinnst Du mehr Abstand und die Kontrolle über die Abbildung der Schlüsselsituation.
Positiv-Liste	• Erstelle eine ´Positiv-Liste´ über alle Deine Talente, Fähigkeiten, Fertigkeiten, Erfahrungen, Ausbildungen und schau sie Dir immer mal wieder an. So wachsen Deine Zuversicht und Dein Selbstvertrauen.
Fragen stellen und entspannen	• Erstelle eine Liste von Fragen, die Du Dir während einer belastenden Situation in Form eines Selbstgespräches üblicherweise stellst. • Formuliere diese Fragen positiv um. Statt z. B. ´Warum muss immer alles schiefgehen?´ stellst Du eine konstruktive Variante der Frage: ´Was habe ich daraus gelernt?´, ´Was kann ich das nächste Mal anders machen?´, ´Was war positiv daran? ´
Fantasiereise machen	• Setz Dich hin und entspanne Dich. Schließe Deine Augen. Atme drei Mal tief ein und aus. • Stell Dir ein gewünschtes Verhalten, das Du in einer Situation an den Tag legen möchtest, eine Situation, die Du erleben möchtest oder ein Ziel, das Du in Zukunft erreichen möchtest, lebhaft in Deiner Fantasie vor.

	• Was fühlst, siehst, hörst Du? Wie verhält sich Deine Umwelt? • Gehe in Deiner Vorstellung voll in dem gewünschten Zustand auf. • Wenn Dir das schwerfällt, stell Dir stattdessen eine Dir bekannte Person in dieser Situation vor, die das gewünschte Verhalten bereits perfekt beherrscht. Versetze Dich dabei immer mehr in Dein Vorbild, bis Du das Verhalten selbst fühlen kannst.
Sorgen davon fliegen lassen	• Schließe die Augen. Atme drei Mal tief ein und aus. • Was sind zurzeit Deine größten Stressauslöser? Fasse jeden einzelnen mit einem Wort zusammen, z. B. `Präsentation´ oder `Annette´. • Stell Dir vor, wie Du dieses Wort auf einer kleinen Tafel notierst, in eckiger, krakeliger Schrift. • Dann verändere die Schrift in Deiner Vorstellung. Sie wird weich, rund und angenehm. Die Tafel wird immer bunter und fröhlicher und verliert immer mehr Bezug zu ihrem anstrengenden Inhalt. • Hänge zum Schluss jede der Tafeln an einen bunten Luftballon und lass ihn davonfliegen.
So tun, als ob	• Setze Dich entspannt hin, schließ die Augen und nimm drei tiefe Atemzüge. • Stell Dir auf einer inneren Leinwand eine Person vor, die Du kennst, die genau das Verhalten zeigt, dass Du in Zukunft umsetzen möchtest. • Nachdem Du sie beobachtet hast, setze Dich an ihre Stelle und beobachte Dich selbst von außen. • Gehe jetzt auf die Leinwand zu, bis Du mit Deinem Abbild verschmilzt. Spüre nun die Gefühle in Dir, die das gewünschte Verhalten in Dir auslösen. • Wiederhole diese Übung eine Woche lang täglich ein- bis zwei Mal.
Ohne Sorgen einschlafen	Probleme in eine Kiste packen • Schließ die Augen und nimm drei tiefe Atemzüge. • Stell Dir vor, neben Deinem Bett steht eine große Kiste oder Truhe aus Holz. • Du öffnest langsam den Deckel und legst symbolisch all das hinein, was Dich belastet (z. B. Lampenfieber vor der morgigen Verhandlung). Alles, was Dich belastet, wird dort schlafen gelegt. Sorgen aufs Papier bannen • Balle all Deine Sorgen aufs Papier. • Lege Dir beim Einschlafen Papier und Stifte zurecht, und wenn Du nicht schlafen kannst, notiere einfach all die bedrückenden Gedanken, die Dich quälen. • Stell Dir vor, Du schreibst einen Brief an Dich oder an die Person, die Du in zwei Monaten sein wirst.

	• Teile Dich offen mit, erzähle von Deinen Sorgen und Kümmernissen. • Du kannst auch einfach einige Stichworte notieren und die wichtigsten Gedanken festhalten.
Imaginativer Beistand	• Kläre, welche Person Dir in der bevorstehenden Situation wegen ihrer bloßen Anwesenheit o. ihrer Fähigkeiten helfen könnte. • Schließ die Augen und stell Dir vor, wie Du diese Person fragst, ob sie bereit ist, Dich in dieser Situation zu begleiten und zu unterstützen. • Achte genau auf ihre Reaktion. Vielleicht erhältst Du eine klare Antwort. Möglich, dass Du nur eine flüchtige Veränderung des Gesichtsausdrucks beobachtest. Gleichgültig, wie die Antwort ausfällt, bedanke Dich bei der Person und verabschiede Dich von ihr. • Solltest Du keine klare Bereitschaft erkannt haben, Dir zu helfen, wähle eine andere Person aus und verfahre in gleicher Weise. • Ansonsten stell Dir vor, Du wärst bereits in der Zielsituation und erlebst, wie Du im Beisein Deines Helfers die Aufgabe erfolgreich meisterst. • Wenn es dann ernst wird und Du real am Ort der Tat bist, stelle Dir Deinen Beistand so vor, dass Du seine Hilfe jederzeit in Anspruch nehmen kannst.
Die Erwachsenen-Perspektive	• Gehe ins Erwachsenen-Ich: nicht unterwürfig, trotzig (Kind-Ich), nicht überfürsorglich o. belehrend/strafend (Eltern-Ich), sondern begegne dem Gegenüber respektvoll und selbstbewusst auf Augenhöhe. • Stell Dir in Bezug auf die Situation, die in Dir Stress, Angst, Wut, etc. auslöst, folgende Frage: Wie sehe ich die Sache, wenn ich sie aus einer selbstwirksamen und erwachsenen Perspektive betrachte? • Was passiert, wenn ich der Situation mit Neugier, Freude, Gelassenheit und Vertrauen begegne?

ENERGIZE YOUR LIFE

Die Autorin

Silke Sieben ist Dipl. Psychologin und seit 1998 als Trainerin und Beraterin in der Erwachsenenbildung tätig. Als Qualitätsmanagementberaterin begleitete sie Unternehmen bei der Einführung von Qualitätsmanagementsystemen und in der Durchführung von Veränderungsprozessen.

Seit einem persönlichen Verlust beschäftigt sie sich vorwiegend mit der Frage, wie wir durch achtsames Haushalten mit unseren Lebensenergien die Grundvoraussetzungen für ein erfülltes und vitales Leben schaffen können. Bereits als Lehrbeauftragte für Selbstverteidigung, Kampfkunst- und Gesundheitstraining hat sie erfahren, wie wichtig der zielgerichtete Einsatz unserer Energien im Leben ist.

Als Gesundheitsberaterin, Entspannungspädagogin und Mentalcoach führt sie für Unternehmen Seminare zum Thema `Gesundes Arbeiten´ und `Gesundes Führen´ durch. 2018 eröffnete Silke Sieben die `Good-Life-Online-Akademie´, in der sie

ENERGIZE YOUR LIFE